# LA RELIGION
# DANS LA DÉMOCRATIE

MARCEL GAUCHET

# LA RELIGION DANS LA DÉMOCRATIE

## PARCOURS DE LA LAÏCITÉ

le débat

Gallimard

# Une rupture dans l'histoire de France

La laïcité est l'un des foyers d'inquiétude d'une France inquiète. Ce sont les motifs de cette inquiétude que je voudrais essayer d'éclairer à la lumière de l'histoire. La tâche, on le verra, comporte des prolongements qui vont loin, du point de vue de l'intelligence de notre situation politique. Ma démarche consistera à particulariser un cadre général d'interprétation que j'ai développé par ailleurs [1]. J'ai proposé de parler de « sortie de la religion » pour caractériser le mouvement de la modernité, et cela, justement, afin d'éviter les termes de « laïcisation » ou de « sécularisation ». Ce processus a affecté l'ensemble des sociétés occidentales, sous des formes diverses. Il a emprunté en France une voie singulière dont le mot de « laïcité » résume bien la spécificité. C'est cette particularité qu'il s'agit d'apprécier si l'on veut comprendre la relativisation qu'elle subit aujourd'hui, à la fois par le dedans et par le dehors. Elle est bousculée par l'inscription dans un espace juridique européen où elle ne représente qu'un cas parmi d'autres ; mais elle est mise à mal, surtout, par le mouvement continué de l'histoire et le déplacement qu'il inflige aux termes classiques du problème. Le phénomène est intéressant en lui-même ; il l'est

1. Dans *Le Désenchantement du monde. Une histoire politique de la religion*, Paris, Gallimard, 1985.

davantage encore par ce qu'il permet indirectement d'éclairer. Saisir la dynamique de ce travail de redéfinition, c'est s'ouvrir un accès privilégié, au-delà du cas français et de la question laïque *stricto sensu*, à la mutation majeure que connaissent les idéaux et la pratique de la démocratie.

La séparation de l'Église et de l'État, de la religion et de la politique a fourni le ressort d'une magnification de la politique. La confrontation avec le parti de l'obéissance sacrale a extraordinairement grandi le combat de la liberté. Elle a déterminé une entente transcendante du régime grâce auquel les hommes se donnent leurs propres lois. Cette transfiguration de la souveraineté, dont les racines plongent loin dans le passé, aura sans doute été l'originalité principale de ce pays sur la longue durée. C'est elle qui l'a constitué en laboratoire de l'invention démocratique.

Il faut avoir pris la mesure de ce que nous devons à cet antagonisme de l'obstination religieuse et de l'ambition laïque pour évaluer par contraste l'ébranlement que subit notre tradition depuis un quart de siècle. Ce qui a changé, ce n'est pas d'abord la République, mais son opposé, ce contre quoi elle avait eu à se définir. À un moment qui doit se situer vers 1970 ou peu après, nous avons été soustraits, sans nous en rendre compte, à la force d'attraction qui continuait à nous tenir dans l'orbite du divin, même de loin. Nul parmi nous ne peut plus se concevoir, en tant que citoyen, commandé par l'au-delà. La Cité de l'homme est l'œuvre de l'homme, à tel point que c'est impiété, désormais, aux yeux du croyant le plus zélé de nos contrées, que de mêler l'idée de Dieu à l'ordre qui nous lie et aux désordres qui nous divisent. Nous sommes devenus, en un mot, métaphysiquement démocrates.

Là est la conversion cachée qui a complètement changé les rapports entre celui qui croyait au ciel et celui qui n'y croyait pas. Mais avec ce partage organisateur, c'est toute l'idée de la chose publique qui allait avec qui se trouve emportée dans le mouvement. C'est tout l'édifice civique monté pour relever le défi de la dépendance métaphysique qui voit ses bases se désagréger. En quoi cet événement discret, qu'aucune chronologie n'enregistre, et pour cause, puisqu'il n'est cernable qu'indirectement, représente une rupture profonde dans l'histoire de France. Ses suites sont en train de nous couper du legs de deux bons siècles de pensée politique.

Au travers et au-delà du changement dans le rapport entre l'État et la croyance, entre la République et les religions, c'est un changement de la démocratie tout entière que nous voyons s'opérer, et quel changement — un revirement de son cap. L'effet de contraste lui prête, dans le contexte français, un relief saisissant. J'ai voulu en tirer parti. C'est ainsi que l'examen de la question laïque m'a conduit à l'analyse de la métamorphose sociale et politique où nous sommes embarqués. J'y ai trouvé un chemin dont je n'avais pas soupçonné la fécondité au départ vers ce qui me semble constituer le foyer de ses développements, en même temps que le principe des dilemmes où elle nous plonge. Le prisme de la singularité française, entre la déperdition qu'il oblige à constater et la refondation qu'il pousse à espérer, est aussi un bon support pour interroger le problématique avenir de la démocratie.

Ce petit livre est issu d'une conférence donnée en mars 1996 à l'invitation du Cercle Condorcet de Paris. Je remercie ses animateurs, en particulier Jean Boussinesq et Michel Morineau, de leur hospitalité, ainsi que les participants à la riche discussion qui a suivi. Une première version du texte, brute, et une seconde, rédigée, ont été publiées dans *Les Idées en mouvement, le mensuel de la Ligue de l'enseignement* (n° 44, décembre 1996, et supplément au n° 58, avril 1998). La version définitive, sensiblement revue et amplifiée, doit beaucoup aux critiques et aux suggestions de Marie-Claude Blais, Sophie Ernct et Krzysztof Pomian, qui m'ont fait l'amitié de lectures sans concession. Je leur exprime ma reconnaissance.

# Le lieu et le moment

Trois observations préliminaires avant d'entrer dans le vif de cette mise en perspective historique.

1. Sur le cadre interprétatif que je propose quant à la nature de ce processus de sortie de la religion. Sortie de la religion ne signifie pas sortie de la croyance religieuse, mais sortie d'un monde où la religion est structurante, où elle commande la forme politique des sociétés et où elle définit l'économie du lien social. Une thèse qui s'inscrit donc rigoureusement en faux contre la compréhension du phénomène religieux en termes de superstructure. C'est précisément dans des sociétés sorties de la religion que le religieux peut être pris pour une superstructure par rapport à une infrastructure qui fonctionne très bien sans lui — à tort, mais l'illusion d'optique est inhérente à la structure des sociétés contemporaines. Dans les sociétés antérieures à cet événement, en revanche, le religieux fait partie intégrante du fonctionnement social. La sortie de la religion, c'est le passage dans un monde où les religions continuent d'exister, mais à l'intérieur d'une forme politique et d'un ordre collectif qu'elles ne déterminent plus.

J'ajoute, et c'est le point décisif sur le fond, qu'il y a dans ce passage métabolisation et transformation au sein même

… et de l'organisation politique de ce qui se donnait sous forme religieuse dans les sociétés anciennes.

J'en prends un exemple stratégique, au point le plus éclairé de l'édifice social, à son sommet. Un point qui se trouve avoir été communément tenu, durant quelque cinq millénaires, depuis l'émergence de l'État, pour le point de jonction entre ciel et terre. Soit, donc, la royauté et ce qu'il est advenu depuis deux siècles du rapport entre pouvoir et société, lorsque cette dernière s'est découronnée et a entrepris de se constituer en source de toute autorité. L'exemple est fait pour rendre sensible, d'abord, à quel point la religion, dans l'ancien monde que nous avons quitté, participe de l'agencement du collectif. Qu'est-ce qu'un roi, en effet, sinon un concentré de religion à visage politique ? Qui dit roi dit hétéronomie matérialisée et signifiée dans la forme même du pouvoir ; hétéronomie diffusant, à partir du foyer de pouvoir, jusque dans les moindres ramifications du lien de société, sous les traits de l'attache hiérarchique de l'inférieur au supérieur. Mais, la vertu principale de l'exemple, par la grâce de ce relief symbolique, est de faire fortement ressortir que la dimension d'altérité charriée par le religieux ne s'évanouit pas comme par enchantement lorsque l'on sort de la justification religieuse du pouvoir. Le pouvoir descendait de l'autre, il tombait d'en haut, il s'imposait du dessus de la volonté des hommes. Les révolutions modernes — la révolution anglaise, puis la révolution américaine, puis la Révolution française — le ramènent sur terre, à hauteur d'homme. Davantage, elles vont le faire sortir d'en bas, elles vont le constituer par un acte exprès de la volonté des citoyens. Il incarnait ce qui nous dépasse ; il ne sera plus que le délégué de nos ambitions. On le dira *représentatif*, c'est-à-dire, dans la rigueur du terme, sans autre substance que celle dont le nourrissent ses administrés.

D'un pouvoir à l'autre, en apparence, rien de commun. Un abîme métaphysique les sépare. Et pourtant, si. À tel degré que la trajectoire historique de nos régimes représentatifs ne devient complètement intelligible qu'à compter du moment où l'on accepte de la regarder comme le produit d'une transformation de l'ancienne économie de la représentation. De la *représentation par incarnation* de l'âge des Dieux à la *représentation par délégation* du monde des Égaux, ce sont les mêmes éléments qui sont à l'œuvre sous une autre présentation et dans une autre distribution. Il faut en considérer l'ensemble, si l'on veut comprendre les étrangetés de nos machines politiques. Car le roi aussi est un représentant, à sa façon : son pouvoir n'a de consistance que pour autant qu'il réfracte une puissance supérieure, qu'il relaie parmi les hommes l'ordre divin qui tient toutes choses ensemble. Il y a là un système dont on pourrait énoncer ainsi la règle : il représente de l'autre afin de produire du même. Il résulte, en effet, de la personnification de l'absolument différent qu'il opère, une conjonction des termes de la sorte métaphysiquement disjoints : au travers de la médiation royale, la collectivité humaine s'unit à son fondement invisible en même temps qu'elle s'identifie charnellement au pouvoir qui la régit — le corps politique réside dans le corps du roi. Nos régimes relèvent d'un système qui fonctionne exactement à l'opposé : le pouvoir représente du même, mais il produit de l'autre. Le pouvoir démocratique se déploie sous le signe de l'immanence : il n'est rien d'autre que l'expression de la société ; la société se représente elle-même, au travers de lui, du dedans d'elle-même. Sauf que l'opération suppose la distance du pouvoir, sa différenciation expresse d'avec la société. C'est la condition qui rend vérifiable le rapport de ressemblance entre les deux pôles. Les démocraties contemporaines n'ont trouvé le chemin de la stabilité qu'à compter du jour où elles ont découvert qu'il fallait consentir à l'écart pour apprécier l'accord, au lieu de chercher en vain la coïncidence. Loin que leur conjonction métaphysique rapproche le pouvoir et la société, elle les éloigne en pratique. Plus il y a d'identité substantielle entre eux, plus il y a par ailleurs de différence fonctionnelle [1]. Cela veut dire que l'altérité évacuée au titre d'une transcendance normative resurgit, invisible, innommable pour les acteurs, mais ô combien efficace, à l'intérieur même du mécanisme politique. Ce qui se donnait sous une forme explicitement religieuse se retrouve sous une forme opératoire au cœur du lien collectif.

La sortie de la religion, c'est au plus profond la transmutation de l'ancien élément religieux en autre chose que de la religion. Raison pour laquelle je récuse les catégories de « laïcisation » et de « sécularisation ». Elles ne rendent pas compte de la teneur ultime du processus. Les deux notions, faut-il observer, sont d'origine ecclésiale. Elles sortent de l'effort de l'institution pour se définir par contraste. Elles désignent ou ce qui n'est pas d'Église ou ce qui sort de sa juridiction. Il leur reste de cette source une grave limitation de principe : elles ne parviennent à évoquer qu'une simple autonomisation du monde humain par rapport à l'emprise législatrice du religieux. Or c'est beaucoup plus et autre chose qui se joue : une recomposition d'ensemble du monde humain par ré-absorption, refonte et ré-élaboration de ce qui revêtit en lui, des millénaires durant, le visage de l'altérité religieuse.

2. Ma deuxième observation est pour corriger, nuancer et compléter ce que je viens d'énoncer. Je conteste la capacité explicative ou compréhensive des catégories de « laïcisation » ou de « sécularisation », je ne conteste pas leur pertinence descriptive. Elles me semblent passer à côté du fond de ce phénomène qui fait l'originalité de notre monde — mais

1. Je schématise à gros traits un parcours dont je me suis efforcé de donner un compte rendu davantage circonstancié dans *La Révolution des pouvoirs*, Paris, Gallimard, 1995. Voir en particulier « La représentation après la religion », pp. 280-286.

j'admets qu'elles en dépeignent adéquatement la surface. Elles ont leur emploi à leur niveau ; elles n'épuisent pas le problème, c'est tout.

Descriptivement parlant, donc, nous avons affaire, à l'échelle des derniers siècles, au basculement d'une situation de domination globale et explicite du religieux à une situation qu'on pourrait dire de secondarisation et de privatisation, cela en relation avec cet autre phénomène typique de la modernité politique qu'est la dissociation de la société civile et de l'État.

Secondarisation : entendons par là que l'ordre institutionnel, les règles formelles de la vie en commun sont tenues pour le résultat de la délibération et de la volonté des citoyens. Lesquels citoyens peuvent se prononcer éventuellement au nom de leurs convictions religieuses, mais sur la base d'une admission préalable que l'ordre politique n'est pas déterminé d'avance par la religion — la religion n'est pas première et publique en ce sens ; l'ordre politique n'est pas antérieur et supérieur à la volonté des citoyens, dont les convictions sont essentiellement privées. Pas davantage cet ordre politique n'est-il soumis à des fins religieuses : il doit être conçu au contraire de manière à autoriser la coexistence d'une pluralité de fins légitimes. C'est en ce sens qu'il y a, sinon séparation juridique de l'Église et de l'État, du moins séparation de principe du politique et du religieux et exigence de neutralité religieuse de l'État.

Les travaux récents de Jean Baubérot et de Françoise Champion ont fortement mis en lumière la dualité d'aspects qu'a revêtue cette émancipation vis-à-vis de l'autorité du religieux dans l'histoire européenne, dualité qui permet de donner une portée précise aux notions de laïcisation et de sécularisation. D'un côté, une Europe de la laïcisation, dans des pays catholiques caractérisés par l'unicité confessionnelle, où l'émergence d'une sphère publique dégagée de l'emprise de l'Église romaine n'a pu passer que par une intervention volontariste, voire chirurgicale, du pouvoir politique. À la mesure de cette conflictualité, l'accent est porté sur la séparation de l'Église et de l'État, de la sphère politique et de la sphère sociale, du public et du privé, tous partages qui tendent à se mettre en place de manière cohérente et simultanée. De l'autre côté, une Europe de la sécularisation, en terre protestante, là où a prévalu, à la faveur de la rupture avec Rome, une inscription continuée des Églises nationales dans la sphère publique. On assiste plutôt, en pareil cas, à une transformation conjointe de la religion et des différents domaines de l'activité collective. Les déchirements entre tradition et modernité divisent semblablement les Églises et l'État au lieu de les mettre aux prises. Le mouvement avance par évidement interne du religieux [1]. Officiellement, sa place ne bouge pas, mais il perd peu à peu sa capacité d'informer les conduites.

3. Sur le moment où nous sommes et où nous essayons de clarifier les données de notre situation. Il ne suffit pas ici de parler au passé, comme si nous arrivions après un processus historique déjà consommé. La sortie de la religion *continue*. Nous nous trouvons même à un palier de décompression assez remarquable. Il est capital d'en prendre la mesure. C'est en fait la clé de notre problème.

Témoigne de cette chute de tension l'affaiblissement marqué des Églises établies et des adhésions confessionnelles, dans la dernière période — en tout cas en Europe. Cette exceptionnalité européenne, au moins apparente, n'est pas sans soulever toutes sortes de questions, mais je n'ai pas besoin de plus, pour le moment, que de ce constat :

1. Je me borne à donner un aperçu global d'évolutions dont Françoise Champion a dressé un tableau détaillé, pays par pays, auquel je ne puis que renvoyer. Cf. « Entre laïcisation et sécularisation. Des rapports Église-État dans l'Europe communautaire », *Le Débat*, n° 77, novembre-décembre 1993.

la sortie de la religion se poursuit là où elle avait commencé. Elle y prend même des proportions spectaculaires qui font parler à tel observateur d'un « tournant de la culture européenne », tandis que d'autres en viennent à se demander si nous n'assistons pas à ce que l'anglais nomme énergiquement *« the unchurching of Europe »*. Il serait fastidieux d'énumérer, pays après pays, les données qui enregistrent de façon convergente, au milieu de situations fort diverses, l'effondrement des pratiques, le recul des affiliations, la baisse des vocations, et par-dessus tout, peut-être, le dépérissement des magistères [1]. Y compris aux yeux de ceux qui continuent de se regarder comme leurs fidèles, les Églises n'ont plus vraiment l'autorité pour déterminer la croyance, sans même parler d'imposer le dogme. Elles l'ont moins encore, *a fortiori*, pour ce qui est d'orienter les choix politiques ou de régler les mœurs. Cela veut dire que, non content de se manifester sous forme de désimplication et de décroyance, le changement a atteint le cœur du phénomène dans sa forme héritée et les conditions de l'orthodoxie. Il a introduit l'individualisation du croire et la privatisation du sentir jusque dans les institutions de la tradition et jusque chez leurs ressortissants. Le processus de sortie de la religion, on y reviendra, est en train de transformer la religion elle-même pour ses adeptes. Tous traits que l'on est fondé à penser gros d'avenir, enfin, sauf inflexion imprévisible puisqu'ils se présentent amplifiés chez les jeunes.

1. On trouvera commodément un état à jour de l'observation et de la réflexion dans le volume collectif dirigé par Grace DAVIE et Danièle HERVIEU-LÉGER, *Identités religieuses en Europe*, Paris, La Découverte, 1996. L'expression de « tournant de la culture européenne » est de Jan Kerkhofs, la question « The unchurching of Europe ? » est posée par Sheena ASHFELD et Noël TIMMS, dans *What Europe Thinks. A Study of Western European Values*, Darmouth, Adershot, 1992. Pour la religion chez les jeunes, je renvoie aux travaux d'Yves LAMBERT (par exemple « Les jeunes et le christianisme : le grand défi », *Le Débat*, n° 75, mai-août 1993).

Mais le signe le plus parlant et le plus probant, sans doute, pour n'être pas le plus éclatant, de ce tarissement brutal des sources se trouve à l'extérieur du champ religieux proprement dit. Il est fourni par la déroute des substituts de religion élaborés depuis le siècle dernier.

Je pense au premier chef à l'évanouissement pur et simple de ce que l'on a pu nommer, non sans de bonnes raisons, même si l'expression exige d'être soigneusement précisée, « religions séculières ». Nous sommes inévitablement portés à privilégier les naissances dans le spectacle de l'histoire ; nous négligeons trop le poids de sens des disparitions. Le grand événement spirituel de notre fin de siècle pourrait pourtant bien être un décès : nous avons vu mourir sous nos yeux, sans vraiment nous rendre compte de la portée du fait, la foi révolutionnaire dans le salut terrestre. Nous avons vu s'évanouir la possibilité de sacraliser l'histoire — car c'est de la désagrégation du croyable lui-même, bien plus que des démentis infligés par le réel à la croyance, que la cause communiste est morte. Notre conjoncture religieuse doit être jugée à l'aune de cet effacement. Il clôt un cycle de deux siècles dont les ambiguïtés formidables sont là pour attester, s'il était besoin, du caractère non linéaire de notre processus de sortie de la religion.

Rien de plus contraire à la pensée selon l'hétéronomie que la pensée selon l'histoire, telle qu'elle se forge après 1750. Au rebours de la dette et de la dépendance des hommes envers ce qui les précède et les domine, elle repose sur la consécration de leur activité créatrice dans tous les ordres, les sciences, les arts, l'économie, la politique. Aux antipodes du passé, temps de la tradition et de l'héritage que valorise la pensée religieuse, elle impose l'avenir, temps du progrès et du projet, comme nouvel horizon de l'expérience collective. On ne saurait trop marquer à cet égard l'opposition entre la religion et l'idéologie, si l'on admet d'entendre par idéologie le discours typique de la modernité sur les promesses du futur, l'exposition de la nature, des buts ou des fins du devenir des sociétés qui émerge sur la base de la conscience historique. Mais l'eschatologie, objectera-t-on ? Objection superficielle : à l'évidence, ce n'est pas de la même « histoire » qu'il s'agit. Pour intervenir dans le temps terrestre et l'orienter, la perspective du jugement dernier ne relève que de l'inscrutable décision de Dieu ; elle n'a rien à voir avec les effets cumulés de l'action humaine et la logique interne de leur déploiement. Objection qu'il est utile, indispensable même, d'évoquer, néanmoins, puisqu'il est par ailleurs vrai que ce mode de pensée aux antipodes de l'extériorité religieuse va être aussi le vecteur d'une recomposition ou d'un recyclage du religieux dans le siècle, et cela sous les traits d'une doctrine du salut *par* l'histoire, la réconciliation de la communauté humaine avec elle-même dans la plénitude de son sens nous étant promise comme le dénouement nécessaire de son parcours dans le temps.

L'histoire a été l'opérateur d'une restauration. C'est grâce à l'élément historique que les héritiers infidèles de Kant, dans l'Allemagne philosophique des parages de 1800, surmontent l'interdit qu'il avait jeté sur la connaissance du suprasensible. C'est au travers de l'historicité que Hegel ramène l'expérience humaine dans l'orbite de l'absolu, tout en rapatriant l'absolu à l'intérieur du temps des hommes. Les figures successives et contradictoires dont le devenir offre le théâtre sont à comprendre comme autant d'étapes d'une révélation. Une révélation dont nous avons aujourd'hui le dernier mot parce que nous sommes à la fin de l'histoire et que le parcours se récapitule dans l'advenue de l'esprit au savoir de soi. Je mentionne l'épisode avec un minimum de précision parce qu'il est matriciel et décisif : nous en sortons, dans tous les sens du terme ; nous en venons et nous sommes en train d'y échapper. Il nous fait assister à l'invention d'un des schèmes intellectuels les plus puissants de la modernité. Sa puissance d'attraction me semble sans vrai mystère : il la doit à l'accouplement des contraires. Il marie indissolublement l'ancien et le nouveau, la foi et l'athéisme, la transcendance et l'immanence. Il attribue au travail des hommes, accoucheur du mystère de l'être, une effectivité et une portée qu'on ne lui avait jamais reconnues ; il exalte l'œuvre de la liberté ; mais c'est pour la doubler par une nécessité de la marche et des voies de la raison qui rabaisse les acteurs au rang d'instruments d'un dessein providentiel. Il loge l'aboutissement de cette conquête de soi au-dedans du devenir, il en fait la sommation et le dénouement de la totalité des intrigues et des détours par lesquels son travail innombrable est passé. Mais c'est pour ériger d'autre part ce moment terminal en une telle apothéose de la réunion avec soi dans la vérité rassemblée de toutes choses qu'on est fondé à parler à son propos d'un sacre de l'histoire : en lui, le mouvement immanent et le sens transcendant de l'histoire se rejoignent et s'épousent, l'invisible acquiert présence tangible.

Ce que l'épisode a de saisissant, c'est la coexistence de la sortie de la religion et de la réinvention de la religion. Elles marchent du même pas. D'un côté, l'effort spéculatif le plus audacieux et le plus conséquent pour assumer la découverte de l'historicité jusqu'au bout — l'historicité comme processus par lequel l'humanité s'auto-constitue et prend conscience d'elle-même. De l'autre côté, la résurgence, au milieu de cet effort, de la figure religieuse d'un sens qui détermine la conduite des hommes du dehors, et surtout de la perspective d'une conjonction finale de l'humain et du divin, d'un acheminement de cette histoire où nous nous faisons nous-mêmes en nous opposant à nous-mêmes, vers la résolution de toutes les contradictions et la paix éternelle de la science absolue. Alliance d'autant plus fascinante que nous l'avons vue se renouer malgré lui chez l'auteur qui entendait la briser. Marx a beau la diagnostiquer lucidement chez Hegel, la soumettre à une critique impitoyable, sa volonté de s'en débarrasser n'aboutit qu'à la reconduire. Et pourtant, non seulement il déshabille la dialectique des oripeaux théologiques dont elle reste affublée chez Hegel, non seulement il détruit l'idole politique de l'« État divin-terrestre », mais il dissipe la pénombre du temple, propice aux mystifications, en y faisant entrer la lumière crue des réalités profanes, les cruelles réalités du capital, de l'industrie et de la lutte des classes. Prodigieuse avancée dans l'intelligence concrète du devenir qui n'en demeure pas moins hantée par le fantôme qu'elle poursuit. Le retour apparent de l'explication historique sur ses pieds ne l'empêche aucunement d'être commandée, en réalité, par la logique idéale d'une réconciliation à venir. Sans doute même le facteur religieux radicalement répudié par Marx est-il, à l'arrivée, plus prégnant chez lui que chez Hegel, à l'enseigne du renversement révolutionnaire. L'histoire, au travers du dénouement cataclysmique qui se dessine dans le présent, va vers son Autre ; elle est promesse de son contraire. À l'opposé des antagonismes d'hier, ignorants de leurs enjeux, elle nous conduit à la solution de sa propre énigme et à une humanité définitivement maîtresse de sa destinée. Tout se passe comme si l'anti-religion explicite et le réalisme dans l'appréciation des luttes du présent se payaient d'un surcroît de foi sacrificielle dans l'altérité du futur.

On voit la difficulté de convenablement nommer cet hybride. « Idéologie » a l'avantage d'exprimer l'originalité décisive de la réorientation temporelle moderne, qui est basculement hors du temps des Dieux ; elle a l'inconvénient de mal saisir la possible réinjection d'une eschatologie dans la théorie du déploiement historique — possible, mais nullement nécessaire : il y a des idéologies sans eschatologie. S'il rend cette dimension, le concept de « religion séculière » a l'inconvénient symétrique de tendre à masquer la spécificité d'un mode de pensée qui ne retrouve le religieux qu'à son corps défendant, en lui tournant le dos et dans l'élément qui lui est le plus hostile. Il conduit facilement à évacuer la tension intime ou l'alliance contre nature entre le siècle et la religion qui constitue l'âme du phénomène. Les « religions séculières » ne sont pas des religions comme les autres, mais des religions qui ne devraient et qui ne voudraient pas en être, tout le problème étant de prendre également en compte les deux versants entre lesquels elles sont écartelées.

Ce qui me semble acquis, en revanche, c'est que ces formations de compromis, quelque dénomination qu'on leur applique, se sont dissipées comme un mauvais rêve. Il ne s'agit pas de la mort du phénix, qui nous promettrait une éclatante renaissance après une éclipse temporaire. Elles ont sombré pour avoir été frappées dans leur principe même. La période de transition à laquelle elles appartenaient s'est refermée. C'est la marche du temps qui les a rendues intenables. Nous vivons très exactement la fin de l'histoire finie — de l'histoire pensable sous le signe de sa fin. Il nous est devenu impossible de concevoir le devenir en fonction d'une issue récapitulative et réconciliatrice qui nous en livrerait la clé ultime en même temps qu'elle ouvrirait l'ère d'une collectivité en pleine possession d'elle-même. Non par l'effet d'une sagesse supérieure à celle de nos devanciers ; mais en raison de la maturation ou de l'approfondissement de notre sentiment de l'histoire. Car il y a une histoire de la conscience historique. C'est ce mouvement qui a frappé de décroyance les citadelles de l'illusoire éternité communiste et rendu dérisoire leur prétention d'incarner l'advenue de l'humanité au savoir achevé de soi. Une rétrospection chasse l'autre ; la découverte que nous faisons de nous-mêmes dans le temps ne cesse de se renouveler ; elle n'est pas destinée à se clore dans une ressaisie finale ; elle ne nous entraîne pas à la rencontre d'une nécessité transcendante qui l'aurait guidée depuis toujours. Nous n'aurons jamais le fin mot de l'énigme. Davantage, nous sommes devenus définitivement une énigme pour nous-mêmes, de par cette révélation ininterrompue qui nous oblige chaque jour à nous découvrir différents de ce que nous pensions être. L'humanité n'est décidément *que* son œuvre à elle-même, œuvre précaire, à la signification indéfiniment révisable. L'historicité est le vrai visage de notre finitude. Voici comment notre idée de l'histoire est devenue brutalement plus « laïque ». Dans le couple, la « sécularisation » l'a emporté sur la religion. Tout ce qui dans la représentation du devenir se prêtait à une réappropriation de teneur religieuse, même insue, même déniée, s'est mis à fonctionner à l'envers. Inflexion décisive : depuis deux cents ans, la conscience théoriquement émancipatrice de notre condition historique n'a eu de cesse de nous ramener, à quel prix, dans le giron des Dieux ; pour le meilleur ou pour le pire, chacun de ses pas nous éloigne désormais de cette étreinte obsédante. Pour la première fois, notre compréhension temporelle de nous-mêmes — je parle de la compréhension spontanée, quotidienne, pratique — est réellement et complètement soustraite à l'immémoriale structuration religieuse du temps.

La question est de savoir si cette implosion silencieuse n'a concerné que les théologies de l'histoire et les régimes qu'elles soutenaient. Je ne le crois pas. L'affaissement des totalitarismes sous leur propre poids, dès lors qu'ils ont été privés de leur justification mystique, n'a été que la manifestation la plus spectaculaire d'une dépression globale qui n'a pas moins affecté la marche des démocraties. Ce qui est en cause, c'est l'ensemble des conceptions et des doctrines qui, depuis le XVIIIe siècle, se sont efforcées de procurer sa traduction opératoire au projet d'autonomie, en regard de l'hétéronomie instituée. Ce dont on est conduit à s'apercevoir aujourd'hui, c'est à quel point elles ont été modelées par cette situation de concurrence et de conflit dans laquelle elles ont eu à se définir. Cela a pu les mener à reprendre subrepticement à leur compte cette détermination par l'extérieur à laquelle elles voulaient constituer une alternative : nous en avons vu l'exemple extrême avec les pensées de la fin de l'histoire. Le cas de la pensée démocratique est entièrement différent. Ce n'est pas à une réinjection secrète de substance religieuse qu'il nous confronte. Reste que l'obligation où la pensée démocratique a été de se conquérir et de s'affirmer dans le cadre de sociétés pétries de foi a eu des effets immenses sur l'entente de ses fins et de ses formes. Nous retrouvons le problème de la laïcité. Comment faire des démocrates avec des croyants, tout en combattant la version de la croyance associée à une politique hétéronome ? La résolution de l'équation a fatalement entraîné avec elle toute une manière de comprendre la politique de l'autonomie. Une certaine idée de la démocratie radicale, dont la France a été le berceau, n'est intelligible, de la sorte, qu'en face de son autre et qu'en fonction de la place à ménager à la religion. Mais que se passe-t-il, maintenant, quand l'autre de l'autonomie défaille, quand la religion n'est plus à même de fournir une figure crédible de la politique de l'hétéronomie ? Nous avons les éléments de la réponse sous le nez, car c'est très exactement ce à quoi nous sommes en train d'assister. Le repoussoir qui procurait sa nécessité et sa force à la figure de l'homme législateur de lui-même a disparu. Nul ne peut plus croire, même quand il voudrait y croire, au moins en terre chrétienne, que l'ordre qui nous lie vient de Dieu et nous unit à lui. L'idée que nous pouvions nous former de notre pouvoir de définition de cet ordre, de ses modalités d'exercice, s'en trouve essentiellement transformée. C'est ce qui change la démocratie et la place des religions dans la démocratie.

Étant donné l'enjeu qui s'attache au diagnostic, il n'est pas inutile de rassembler tous les signes de nature à le corroborer. Il en est un qui me semble particulièrement probant. Il est moins saillant que ceux que nous venons d'examiner, il n'a pas le même poids social, mais il ne témoigne pas moins efficacement, à sa façon, de la distance qui s'est creusée avec le ciel, l'absolu, le divin, l'ultime, leurs apparentés ou leurs dérivés. On pourrait l'appeler : la fin de la religion de l'art. Une autre religion de substitution qui émerge parallèlement au sacre de l'histoire, dans les mêmes eaux, en fonction des mêmes données et qui ne cessera d'en suivre ou d'en croiser la courbe. Elle en partage les ambiguïtés. D'un côté, la consécration de l'Art participe de la reconnaissance émancipatrice du pouvoir humain. L'Artiste est l'homme libre par excellence, métaphysiquement parlant, l'homme qui se libère de sa subordination de créature par son activité, dont les produits magnifient le caractère éminemment créateur. Mais ce qui va parachever l'élévation de l'Art au rang de mystique, c'est pleinement le cas de le dire, est d'un ordre tout à fait différent et même opposé. C'est l'attribution à l'Art, par l'autre côté, d'un pouvoir de connaissance spécifique et supérieur qui nous ramène, hors des religions constituées, dans la sphère d'un religieux primordial et indifférencié. Ici encore, en langage technique, c'est de contourner les limitations signifiées par la critique kantienne qu'il s'agit — et c'est bien en ces termes que le problème est posé par la première génération des romantiques allemands, dans les années mêmes où s'élabore, pour partie chez les mêmes, le retour à l'absolu au travers du devenir. Soit, la raison et les sciences n'ont accès qu'aux phénomènes, sans jamais pouvoir atteindre la chose en soi. Mais nous ne sommes pas enfermés dans les bornes de la connaissance objective. Nous disposons, avec l'imagination, d'une faculté qui nous permet de saisir intuitivement l'être vivant des choses. Nous avons, avec le symbole, le moyen de présenter l'imprésentable, de faire passer l'invisible dans le visible, de rendre sensible l'intelligible. Nous gardons, en un mot, un accès direct à l'au-delà des phénomènes, comment qu'on l'appelle, le suprasensible, l'absolu, le divin. L'art est sa voie royale [1]. S'il appartient au romantisme allemand d'avoir formulé la doctrine le premier et de la manière la plus conséquente, on la retrouve à la base des différents romantismes, dans des versions plus ou moins explicites, mais avec partout la même efficacité sociale. Il s'est édifié un culte autour de cette puissance de dévoilement prêtée aux œuvres de l'art. Les « hommes à imagination », comme dit Saint-Simon, ont été érigés en mages, prophètes ou devins d'une révélation associant volontiers, d'ailleurs, les promesses de l'âge d'or à venir et la vérité des profondeurs de la nature ou de l'âme. Voix de l'en-soi autrement inaudible, parole initiale du monde, structures secrètes de l'être, entrée en présence du surréel : notre culture n'a cessé de réinventer depuis le siècle dernier cet au-delà diversement manifesté par chacun des arts, dans une quête toujours déçue et toujours renaissante. Car la contradiction entre la subjectivité de l'invention et l'objectivité de la manifestation est encore plus béante, sur ce terrain, que la contradiction entre la *liberté* des actes et la *nécessité* du chemin sur le terrain de l'histoire. Tout est suspendu à l'opération du créateur, dont on célèbre l'originalité, et l'on attend de cette expression d'une individualité qu'elle nous livre magiquement la réalité même, dans sa partie la plus cachée. Sacralité intenable, évanescente, tiraillée qu'elle est entre l'auteur unique auquel elle appartient et la vérité transpersonnelle qu'elle est supposée rendre tangible ; mais sacralité obsédante, en constante reviviscence, dont l'appel a continûment mobilisé jusqu'à nous d'impérieuses vocations et des sacrifices inouïs. C'est ce moment de notre culture qui me semble en train de se clore avec l'extinction de son foyer. La foi qui le faisait vivre se retire inexorablement. On peut bien continuer de répéter mécaniquement les articles du dogme.

1. Sur la formation et les développements de cette « théorie spéculative de l'Art », de Novalis à Heidegger, voir Jean-Marie SCHAEFFER, *L'Art de l'âge moderne*, Paris, Gallimard, 1992.

L'esprit les a désertés. Il n'en subsiste plus que des métaphores dont la force de suggestion pâlit jour après jour. L'espérance de l'art a cessé d'être croyable. Il ne nous met pas au contact de l'absolu ; il ne nous fournit pas l'intuition de l'être ; il ne nous révèle pas une réalité plus réelle que le réel. S'il nous ouvre sur de l'Autre, c'est celui qui hante notre imaginaire d'humains. S'il a des choses essentielles à nous apprendre, elles rentrent dans les limites subjectives de nos facultés. C'est encore beaucoup, mais c'est peu au regard des attentes hyperboliques placées depuis deux siècles dans le pouvoir transcendant du signe esthétique. D'où le sentiment de crise, de vacuité, de perte d'enjeu qui désoriente et désole aujourd'hui les antres de la création. C'est simplement que nous avons franchi une frontière supplémentaire dans notre exil de l'au-delà. Nous ne pouvons plus, désormais, jouer sur les deux tableaux, comme nous l'avons fait longtemps, en voulant à la fois l'héroïsme de l'émancipation et les extases ou les oracles du monde enchanté. Sur le théâtre de l'histoire comme sur la scène de l'art, nous devons apprendre à nous y résoudre une fois pour toutes, notre grandeur d'hommes ne se juge pas à l'aune de l'ancienne science des Dieux.

Je me suis étendu quelque peu sur ces faits parce qu'ils font apparaître ce qu'il y a de paradoxal dans la situation où nous nous trouvons. Nous constatons un ébranlement de la laïcité telle qu'elle était traditionnellement comprise. Mais cet ébranlement ne prend tout son sens que si nous relevons qu'il est corrélatif d'un affaiblissement marqué du facteur religieux. L'intelligence de ce qui nous arrive est suspendue à l'élucidation de ce paradoxe. Il nous offre le moyen de déjouer le piège des apparences. La laïcité ancienne manière n'est pas débordée par la remontée des eaux de la foi. Elle est entraînée dans une redéfinition de ses repères par le tarissement de leur débit, laquelle redéfinition se traduit, là réside le vif du paradoxe, par l'attribution d'une place de choix aux religions auparavant comprimées. Mais ne nous hâtons pas de conclure de la visibilité sociale à la vitalité spirituelle. Elles sont en raison inverse l'une de l'autre, en la circonstance. Ce qui ramène les religions sur le devant de la scène, si singulier que cela puisse paraître, c'est leur recul même. On verra comment l'effacement de ce qui formait le cœur de leurs prétentions politiques transforme la démocratie et leur redonne droit de cité.

Le tableau est à compléter par quelques autres traits dont certains sont tellement connus qu'il suffit de les évoquer — mais il est indispensable de les avoir tous présents à l'esprit dans leur simultanéité complexe, et convenablement disposés les uns par rapport aux autres, s'il se peut.

Ce qui a propulsé le problème de la laïcité au premier plan, chacun le sait, c'est le heurt de cet affaiblissement continué du religieux qu'on observe en Europe avec une vague sociale-historique d'orientation opposée en provenance de sa périphérie. Je songe bien entendu d'abord à l'effervescence fondamentaliste et politique à l'œuvre en terre d'Islam (mais qui affecte aussi bien le monde hindouiste, par exemple). J'y insiste, contre diverses confusions intéressées qui mélangent allégrement quelques poignées de chrétiens charismatiques, l'empreinte diffuse du *New Age* et les menées des Frères musulmans pour nous brosser la fresque d'une universelle et apocalyptique « revanche de Dieu ». Le phénomène, pour l'essentiel, nous arrive de l'extérieur, même s'il nous touche directement par ses représentants vivants sur notre sol. Nous n'avons rien dans l'Europe protestante, dans l'Europe catholique ou dans l'Europe orthodoxe qui ressemble de près ou de loin, malgré les ferveurs périphériques qu'on relève ici ou là, à la fièvre pentecôtiste qui agite les métropoles du tiers monde, ou encore au fondamentalisme évangélique qui travaille la *Bible Belt* aux États-Unis. L'analyse de ces réveils nous emmènerait loin de notre problème. Je tiens toutefois à dire au passage que ces « retours du religieux » me semblent correspondre à tout sauf à un retour à la religion, dans l'acception rigoureuse du terme — ils procèdent bien davantage d'une adaptation de la croyance aux conditions modernes de la vie sociale et personnelle qu'ils ne nous ramènent à la structuration religieuse de l'établissement humain. L'activation de la foi pourrait bien avoir pour rôle véritable, dans le cas, de fabriquer de l'individu à partir de son contraire, c'est-à-dire de la tradition. Elle substitue l'ordre de la conviction personnelle à l'empire de la coutume et de la communauté. Rien n'est univoque et linéaire dans ces parcours. Nous avons vu, avec l'histoire ou l'art, les antagonistes du monde de la religion servir à recréer du religieux ; nous pourrions bien être en train de voir les religions contribuer à l'avènement d'un monde aux antipodes du monde religieux.

Quoi qu'il en soit de leur statut réel, ces résurgences sont d'autant plus ressenties qu'elles prennent de court un parti laïque en peine d'identité, tout en lui redonnant un semblant d'être (avec un ennemi identifié). Je parlais à l'instant de l'affaiblissement des Églises. En face, l'épuisement des ressources intellectuelles et spirituelles de la laïcité militante n'est pas moindre. Il suffit d'énumérer les points d'appui qui étaient traditionnellement les siens pour en apprécier l'affaissement : la Science — et au travers d'elle la Raison, le Progrès —, la Nation, la République — c'est-à-dire le patriotisme et le civisme —, la Morale. Est-il besoin de détailler les facteurs qui, de longue date et à d'innombrables titres, ont conspiré à découronner ces entités à majuscule ? Transformation de l'idée que nous pouvions nous faire de la connaissance et de ses conséquences — la rationalité procédurale, indéfiniment ouverte, des sciences d'aujourd'hui ne nous promet aucune entrée dans la terre promise de l'« âge positif » ; transformations du cadre et des conditions d'exercice de la démocratie — la citoyenneté du créancier social n'a plus grand-chose à voir avec le devoir civique ; transformations des attentes sociales en matière d'éducation — l'école de l'épanouissement personnel ou de la réussite individuelle n'est plus et ne peut plus être l'École de la République en charge de relever, au travers de la morale, le défi de la fondation du lien de société. Il n'est pas exagéré de dire, je crois, que l'ensemble des sources et des références qui ont permis de donner corps, singulièrement en France, à l'alternative laïque contre les prétentions des Églises sont elles aussi frappées de décroyance. C'est ainsi que, parallèlement à la marginalisation des Églises, la laïcité est devenue peu à peu un fait sans principes.

Mais le gros de la remise en cause a son origine ailleurs. Elle sourd avant tout des transformations du monde démocratique lui-même. Elle tient aux évolutions profondes que connaît l'espace politique et à la recomposition en cours des rapports entre public et privé. Un mouvement ni religieux ni laïc en ses ressorts visibles, même si ses ressorts cachés ont à voir avec le rapport de force entre hétéronomie et autonomie, mais un mouvement qui modifie de part en part tant les conditions d'expression de la croyance religieuse que les conditions de compréhension de la laïcité. Le modèle français classique est mis en porte-à-faux par ces déplacements. À cet égard, les pays de sécularisation, dans le sens défini plus haut, ont davantage de facilité à accueillir le changement. La demande de reconnaissance publique de la croyance privée qui est au cœur de cette mutation est beaucoup moins de nature à les troubler. Elle représente en revanche une rupture majeure pour la culture française. Pour le faire ressortir, il faut replacer ce lieu et ce moment de la difficulté dans la perspective de l'histoire longue dont ils forment l'aboutissement provisoire.

# Religion, État, laïcité

La laïcité, en France, en effet, vient de très loin. Son parcours, ses enjeux, ses formes ne deviennent vraiment intelligibles que lorsqu'on leur restitue toute leur profondeur d'histoire. Pour résumer l'essentiel d'une phrase : l'histoire de la laïcité dans ce pays est intimement liée à l'histoire de l'État — de l'État en tant que l'un des principaux opérateurs du processus de sortie de la religion. Cela, sans doute, il l'a été en général et partout, mais il l'a été, en France, à un degré sans équivalent ailleurs.

En simplifiant à l'extrême, on peut distinguer deux grandes phases dans ce parcours : une première phase qui va de la fin des guerres de Religion — 1598, date conventionnelle — à la Révolution française et, très précisément, à la Constitution civile du clergé qui en représente une sorte de dénouement. Appelons-la la « phase absolutiste ». La seconde phase s'étend depuis le Concordat napoléonien jusque tout près de nous — disons 1975, pour la concordance que cette date autorise avec la « crise économique » et la mutation générale, mondiale, de nos sociétés, que nous vivons et observons depuis une vingtaine d'années. La loi de séparation de 1905 constitue le moment de vérité de cette période, que l'on pourrait dénommer la « phase libérale et républicaine ». La question est de savoir si, à la faveur de la mutation globale qui accompagne les laborieux ajustements de l'économie dans la période récente, nous n'entrons pas dans une troisième phase. Il y a des raisons de le penser, comme je voudrais en argumenter l'hypothèse.

## LA SUBORDINATION ABSOLUTISTE

La gageure ici est de parvenir à concentrer en quelques phrases toute une interprétation de la Réforme et de ses suites ou, pour le dire autrement, des racines religieuses et du tournant religieux de la modernité à partir de la Réforme. En bref, on a communément tendu à surestimer la signification de la *révolution religieuse* de la première moitié du XVI^e^ siècle — la rupture luthérienne et calviniste — par rapport à la *révolution politique* qui en constitue le développement sur un autre terrain dans la première moitié du XVII^e^ siècle, révolution politique qu'accompagne chronologiquement une *révolution scientifique*, la révolution de la physique galiléenne. Révolution politique de l'émergence de l'*État* dans son concept même, révolution dont la France se trouve avoir été l'épicentre en raison du tour irréparable de la déchirure provoquée par les guerres de Religion [1].

On a tendu à surestimer la portée de l'autonomisation individuelle du croyant dans son rapport à Dieu, du point de vue des racines de la modernité individualiste, par rapport à l'autonomisation religieuse du principe d'ordre collectif qui s'incarne dans l'État — l'État en possession de son concept, l'État souverain, l'État du roi « de droit divin », l'État qui

1. Je me permets de renvoyer pour davantage de précisions à une étude intitulée « L'État au miroir de la raison d'État. La France et la chrétienté », in *Raison et déraison d'État*, sous la direction d'Yves-Charles ZARKA, Paris, P.U.F., 1994.

s'impose en France comme l'État de la raison d'État pacificatrice. La raison d'État est la réponse politique à la déraison belliqueuse de la foi dont témoigne l'affrontement des confessions. La Réformation n'est pas assez forte pour l'emporter, mais assez forte pour imposer un partage des consciences au sein du royaume. Les catholiques, en face de cette impossible victoire protestante, représentent une autre impasse. Bien que confession dominante, ils constituent le « parti étranger », le « parti espagnol », appuyé sur la puissance qui, par excellence, menace l'indépendance du pays. L'État ne peut promouvoir la paix qu'en se délivrant de cet étau, c'est-à-dire qu'en se déliant de l'adhésion confessionnelle, qu'en s'installant au-dessus des Églises au nom d'une légitimité religieuse propre qu'il tire de sa relation directe à Dieu — c'est cela, le sens du « droit divin » tel qu'il est réélaboré par les juristes royaux dans les quinze dernières années du XVI^e^ siècle, et c'est en cela que le roi « de droit divin » est en fait « roi d'État ». Les intérêts de la cité terrestre et le salut de la cité des hommes en ce monde, dont l'État est le juge et le garant, exigent qu'il se subordonne les choses sacrées, pour autant qu'elles comportent une menace dangereuse entre toutes pour l'ordre public. Cette scène primitive de l'établissement de l'État en France deviendra son socle définitif avec la répétition de la situation dans les années 1630, à une autre échelle. En engageant la France dans la guerre de Trente Ans aux côtés des puissances protestantes contre les Habsbourg et les intérêts catholiques, Richelieu procure à l'État de la raison d'État la formule pleinement développée des rapports entre politique et religion.

Cette situation qui, de par les hasards de l'histoire, est primordialement celle de la France, se retrouve un peu partout en Europe dans la première moitié du XVII^e^ siècle. On la retrouve dans les Provinces-Unies calvinistes, avec les luttes entre arminiens et gomaristes. On la retrouve dans la très catholique Italie, avec les démêlés de la papauté et de la sérénissime république de Venise. On la retrouve en Angleterre, avec l'opposition des puritains à la monarchie Stuart en quête d'absolutisation ; elle sera directement à l'origine de la révolution qui éclate en 1640. On la retrouve enfin dans l'Allemagne ravagée par la guerre européenne des religions qu'est la guerre de Trente Ans. Cette situation, qui donne à l'État comme pouvoir de paix une raison d'être fondamentalement religieuse, est la situation source de la pensée politique moderne. De Grotius à Spinoza, en passant par Hobbes, celle-ci se constitue sur une base « absolutiste » en matière de religion. Entendons par « absolutisme », en l'occurrence, l'exigence de placer l'autorité collective (comment ensuite que l'on comprenne celle-ci) dans une position d'éminence telle qu'elle soit fondée à se subordonner les choses sacrées. C'est dans cette mesure — et dans cette mesure-là seulement — qu'elle sera capable de remplir sa mission pacificatrice.

L'autonomisation du politique caractéristique de la modernité s'effectue de la sorte sous le signe d'une subordination (religieuse) du religieux. Subordination dont il importe de noter qu'elle a été un préalable au respect des consciences : c'est à partir d'elle que la tolérance peut être élevée au rang de principe (ce qui prend forme à la fin du XVIIe siècle, chez Bayle et chez Locke).

Écoutons, au faîte des Lumières, en 1770, l'abbé Raynal exposer les « véritables principes » en matière d'administration des choses religieuses, dans un livre qui fera beaucoup pour répandre la vulgate éclairée. Ces principes se ramènent à trois : « l'État n'est point fait pour la religion, mais la religion est faite pour l'État » ; « l'intérêt général est la règle de tout ce qui doit subsister dans l'État » ; « le peuple ou l'autorité souveraine, dépositaire de la sienne, a seule le droit de juger de la conformité de quelque institution que ce soit avec l'intérêt général ». Il s'ensuit, à titre de corollaires, que « c'est à cette autorité, et à cette autorité seule qu'il appartient d'examiner les dogmes et la discipline d'une religion ; les dogmes, pour s'assurer si, contraires au sens commun, ils n'exposeraient point la tranquillité à des troubles d'autant plus dangereux que les idées d'un bonheur à venir s'y compliqueront avec le zèle pour la gloire de Dieu et la soumission à des vérités qu'on regardera comme révélées ; la discipline, pour voir si elle ne choque pas les mœurs régnantes, n'éteint pas l'esprit patriotique, n'affaiblit pas le courage, ne dégoûte point de l'industrie, du mariage et des affaires publiques, ne nuit pas à la population et à la sociabilité, n'inspire pas le fanatisme et l'intolérance, ne sème point la division entre les proches de la même famille, entre les familles de la même cité, entre les cités du même royaume, entre les différents royaumes de la terre, ne diminue point le respect dû au souverain et aux magistrats, et ne prêche ni des maximes d'une austérité qui attriste, ni des conseils qui amènent à la folie » [1]. Je pourrais continuer — il y en a encore quelques pages de cette veine — mais ce préambule limpide suffit à ma démonstration. Il montre avec éloquence comment l'impératif absolutiste de subordination, loin de se voir renié en fonction de l'exigence démocratique de souveraineté collective, s'en est trouvé amplifié et radicalisé. En bref, « l'État a la suprématie en tout », mais une suprématie, on l'a compris, qui est conçue pour cantonner la religion dans son ordre strict et empêcher qu'elle ne perturbe d'une manière ou d'une autre « le bon ordre d'une société raisonnable et la félicité publique », comme dit Raynal. Rien à voir avec le forçage des consciences. À l'opposé, Raynal précise bien qu'il ne parle « que de la religion extérieure ; quant à l'intérieur l'homme n'en doit compte qu'à Dieu ». Le cantonnement de l'autorité sociale de la religion est compris comme la condition de l'autonomie des consciences.

1. *Histoire philosophique et politique des établissements et du commerce des Européens dans les Deux Indes* [1770], je cite d'après l'édition de Genève, 1780, t. X, p. 127 sq.

C'est très exactement un programme de cet ordre que l'Assemblée nationale constituante va mettre en œuvre en 1790 avec la Constitution civile du clergé. Un programme que ses concepteurs pensent et veulent très en retrait par rapport à celui prôné par Raynal. Ils sont persuadés de se montrer beaucoup plus modérés et réalistes. Ils s'interdisent totalement d'examiner la foi et le dogme. Comme le dira expressément Camus à la tribune, en tant que « Convention nationale », selon ses termes, « nous avons assurément le pouvoir de changer la religion, mais nous ne le ferons pas... nous voulons conserver la religion catholique, nous voulons des évêques, nous voulons des curés ». En revanche, dans la mesure où « l'Église est dans l'État, l'État n'est pas dans l'Église », selon la formule clé des auteurs absolutistes depuis la fin du XVIe siècle qu'il reprend très significativement à son compte, il appartient à la Nation assemblée de régler tout ce qui est de « discipline et de police ecclésiastique », comme la délimitation des diocèses ou le mode de désignation des pasteurs [1].

De ce point de vue, la Constitution civile du clergé apparaît comme un parachèvement de l'œuvre absolutiste dans le moment et au travers de la rupture avec elle. En brisant avec l'appareil monarchique, la Constituante accomplit en réalité le dessein inscrit dans ses flancs, la promesse qu'il a été incapable de tenir. S'il est un acte révolutionnaire où se vérifie la continuité dans la discontinuité que Tocqueville a mise en lumière comme la règle du rapport entre Ancien Régime et Révolution, c'est assurément celui-là. Sur ce point plus clairement encore que sur d'autres, on mesure combien l'entreprise révolutionnaire a consisté à sortir le papillon étatique de la chrysalide royale.

1. Voir de manière générale toute la discussion du 30 mai au 2 juin 1790 dans le *Moniteur* ou dans les *Archives parlementaires*. L'intervention de Camus citée se situe dans la séance du 1er juin (*Moniteur*, t. IV, p. 515).

C'est qu'entre-temps il s'est passé beaucoup de choses depuis la phase d'installation de l'État absolutiste, que nous avons laissé tentant d'affirmer sa suprématie, y compris religieuse, au nom de la raison d'État. Il s'est produit en particulier deux évolutions essentielles qui ont changé la donne. Il s'est produit tout d'abord une crise sourde du principe de légitimité proprement religieux qui soutenait cette grande ambition, à savoir le « droit divin ». Une crise du *croyable*, du type de celles dont nous avons observé les effets vis-à-vis de l'histoire et vis-à-vis de l'art dans notre présent. Elle s'enclenche dès au lendemain de ces accomplissements du dessein absolutiste que représentent la Déclaration des quatre articles de 1682 et la révocation de l'édit de Nantes de 1685. Deux coups d'éclat conçus pour effacer les échecs et les divisions du passé. Le premier officialise la soumission catholique aux dépens de l'autorité du pape, quand le second liquide le compromis dont la Réforme avait obligé de s'accommoder. Avec le ralliement de l'Église de France au principe du droit divin que le clergé avait vigoureusement repoussé lors des États généraux de 1614, la page de l'irrédentisme dévot paraît définitivement tournée [1]. La gallicanisation de la hiérarchie ecclésiastique parachève l'absorption de la puissance spirituelle dans l'ordre monarchique. Quant à la réduction autoritaire des vestiges de l'État dans l'État protestant, elle entend refermer la parenthèse des guerres de

1. Le premier article de la Déclaration adoptée par l'Assemblée du clergé de 1682 stipule « que saint Pierre et ses successeurs, vicaires de Jésus-Christ, et que toute l'Église même n'ont reçu de puissance de Dieu que sur les choses spirituelles et qui concernent le salut éternel et non point sur les choses civiles et temporelles [...]. Que les rois et les souverains ne sont soumis dans les choses temporelles à aucune puissance ecclésiastique par l'ordre de Dieu ; qu'ils ne peuvent être déposés directement ni indirectement par l'autorité des chefs de l'Église ; que leurs sujets ne peuvent au nom de cette même autorité être dispensés de la soumission et de l'obéissance qu'ils leur doivent, ou absous du serment de fidélité... ».

la foi. Elle instaure plus encore qu'elle ne rétablit la conformité nationale en matière de religion, en la plaçant sous les auspices de son véritable garant, le pontificat royal. Et pourtant, cette autorité parvenue à son comble semble saisie de vertige dans l'instant où elle atteint le sommet. Il est vrai que, peu après, le coup de tonnerre de la *Glorious Revolution* de 1688, qui renverse sans coup férir l'absolutisme de droit divin restauré en Angleterre depuis 1660, rend patente la fragilité de l'édifice. Cette soudaine incertitude quant à la légitimation tombant du ciel est l'un des plus forts aspects de la « crise de la conscience européenne » chère à Paul Hazard. Comment ses craquements ont-ils cheminé jusqu'au trône de France, nous ne le saurons sans doute jamais, mais force nous est de supposer qu'ils y ont été entendus. Ils vont y trouver un grand écho politique, même, en provoquant un revirement de l'attitude de Louis XIV, dès 1693. L'effritement de la religiosité autonome, à base de relation directe entre le souverain et Dieu, sur laquelle l'étatisme royal avait assis son affirmation pousse au rapprochement avec l'Église romaine. Comme si l'orthodoxie traditionnelle regagnait aux yeux du monarque, en raison justement du caractère traditionnel de son autorité et de sa forme orthodoxe, une puissance de légitimation que le sens vivant du divin n'est plus capable d'assurer.

Ce renversement de politique va provoquer, d'autre part, en retour une nouvelle sécession religieuse, sous les traits d'une reviviscence de la dissidence janséniste. Celle-ci cristallise dans l'opposition à la bulle *Unigenitus* de 1713 dont les développements vont traverser tout le siècle [1]. Singulière opposition, à la vérité, qui consiste à rappeler inflexiblement, de l'intérieur, les deux puissances à leur devoir — la

1. Nous pouvons désormais mieux comprendre cet épisode aussi obscur que déterminant de l'histoire des rapports entre politique et religion en France grâce à l'ouvrage de Catherine Maire, *De la cause de Dieu à la cause de la Nation. Le jansénisme au XVIII^e^ siècle*, Paris, Gallimard, 1998.

puissance spirituelle à la pureté de sa doctrine, et la puissance temporelle à l'indépendance de son autorité en matière religieuse, contre les empiétements cléricaux symbolisés par la Compagnie de Jésus (laquelle, je le rappelle, est expulsée du royaume de France en 1764).

D'un côté, donc, portée par la contestation janséniste, la réaffirmation gallicane et absolutiste des légitimes prérogatives du souverain temporel en matière d'administration des choses sacrées ; de l'autre côté, nourrie par la dynamique des Lumières, la réappropriation du principe de la souveraineté au profit de la Nation : c'est au croisement de ces deux inspirations que se situe la Constitution civile du clergé. Accouche en elle une longue et complexe histoire, au terme de laquelle il s'agit d'assigner enfin sa vraie place à la religion, à l'intérieur de l'État, et sous l'autorité de la Nation rétablie dans la plénitude de ses droits.

## LA SÉPARATION RÉPUBLICAINE

Cet aboutissement intervient, en fait, à un moment où il est déjà trop tard. Un autre monde est en train d'émerger, par rapport auquel il se trouve en porte-à-faux dès l'instant de sa promulgation. La dynamique de l'histoire, propulsée par l'industrie, ne va pas tarder à supplanter l'ordre de la raison.

Autour de 1800, pour prendre une date ronde en guise de charnière, la décennie révolutionnaire refermée de vive force, nous passons décidément dans un autre univers. Les données et la logique de notre problème en sont complètement transformées à la base, même si la transformation mettra du temps à se déployer et à se matérialiser. Nous entrons dans ce que j'ai proposé de reconnaître comme la deuxième phase de ce parcours du principe de laïcité : la phase libérale et républicaine, ou républicaine et libérale, si l'on préfère, l'important n'étant pas dans l'ordre des termes, mais dans leur association.

Ce n'est plus dans ce cadre de subordination du religieux au politique qu'il va s'agir mais, centralement, de *séparation* — de séparation des Églises et de l'État. Séparation qui s'inscrit dans le grand mouvement libéral caractéristique de la modernité juridique : la dissociation de la société civile et de l'État. La formule absolutiste (fût-ce l'absolutisme démocratique) de subordination du religieux au politique s'inscrivait à l'intérieur d'une conception moniste du corps politique. Il n'existe qu'une seule sphère collective qui, dans son organisation hiérarchique, est ultimement une sphère politique. La nouveauté essentielle du XIXe siècle, c'est la mise en place d'une bipartition du collectif entre une sphère proprement politique et une sphère civile, entre une sphère de la vie publique et une sphère des intérêts privés, où la famille voisine avec l'entreprise — une sphère dans laquelle toute la difficulté va être de faire entrer les Églises. Ne l'oublions jamais : l'orientation libérale, bien avant d'être une doctrine politique, est une donnée de fait, une articulation centrale de nos sociétés. Elle a la force de réalité des barrières de droit qui protègent le domaine des libertés personnelles, et la densité matérielle des prolongements de la propriété. On peut discuter ensuite à l'infini de l'étendue souhaitable de ce domaine protégé. C'est ici que commence le débat entre « libéralisme » et « socialisme ». Mais ce débat n'a de sens que par rapport à un fait premier — disons le fait juridique et social de l'individu. Libéralisme et socialisme (pour autant que celui-ci reste démocratique) ne sont semblablement que des interprétations amplificatrices ou correctrices du fait libéral. Le grand développement de ce fait libéral au siècle dernier a été l'autonomisation vis-à-vis de l'État de la société formée par les individus.

Or ce mouvement de constitution et d'émancipation de la sphère civile a présenté dans la France du XIXe siècle une physionomie extrêmement particulière, du fait de la prégnance du passé. Prégnance de l'héritage autoritaire de l'absolutisme monarchique. Prégnance de l'absolutisme révolutionnaire qui, s'il établit, au titre de la fondation de la liberté, la dissociation de la sphère publique et de la sphère privée, entend réduire celle-ci à l'exercice des seuls droits individuels, tout ce qui fait lien collectif relevant de l'autorité représentative. De cette réduction, la formule fameuse de Le Chapelier pour prohiber les associations ouvrières (après les pétitions en nom collectif) résume parfaitement l'esprit : « Il n'y a plus que l'intérêt particulier de chaque individu et l'intérêt général. » Prégnance, par ailleurs, d'une tradition catholique où l'Église ne peut imaginer autrement son rôle que comme celui d'une autorité sociale exerçant un magistère prééminent dans la vie publique. Ce multiple et pesant héritage, tant politique que religieux, coagule, au sortir de la Révolution, dans le compromis du Concordat de 1801. Il réconcilie les irréconciliables, a-t-on pu justement dire [1], en accordant à l'Église le statut officiel et la liberté de manœuvre en matière de culte que réclamait l'apaisement des fidèles, tout en marquant avec vigueur la primauté de l'État. Domination de l'État sur l'Église et prédominance de l'Église dans l'État, résume de son côté Jules Simon : on conçoit que cet improbable équilibre entre d'aussi puissants legs de notre histoire ait été difficile à défaire.

1. SCHUMPETER, qui en fait le modèle du gouvernement *pour* le peuple par des voies non démocratiques. Cf. *Capitalisme, socialisme et démocratie*, trad. franç., Paris, Payot, 1990, pp. 336-337. Jean BAUBÉROT interprète ce compromis comme un « premier seuil de laïcisation » : l'Église est consacrée en tant qu'institution socialement prépondérante, au nom de son utilité et de l'objectivité des besoins religieux, tout en étant politiquement subordonnée. Elle passe du dehors au dedans, pourrait-on dire, et c'est en cela que consiste l'effet de seuil : elle perd sa vocation englobante pour devoir se contenter désormais d'un rôle de premier plan à l'intérieur d'une société qu'il ne lui appartient plus de normer dans son ensemble. Cf. *Vers un nouveau pacte laïque ?*, Paris, Éd. du Seuil, 1990.

Je laisse de côté l'histoire du catholicisme en général et du catholicisme français en particulier durant le XIXe siècle pour me concentrer sur le point principal, dans la ligne d'analyse que j'ai choisie, à savoir la conception des rapports entre la société civile et l'État. Tout le temps où l'on réfléchit dans le cadre d'une opposition entre une sphère privée exclusivement composée d'atomes individuels et une sphère publique détenant le monopole de la gestion collective, il est extrêmement difficile de penser la place d'une institution comme l'Église [1]. Il n'est pas moins difficile, d'ailleurs, de penser le statut d'institutions comme le parti politique ou le syndicat. À l'évidence, elles transgressent le partage. Elles échappent à la représentation atomistique de la société civile sans pour autant pouvoir entrer dans le domaine de l'intérêt général administré par l'État.

Par rapport à ce dilemme durable, l'un des enjeux cruciaux de la période d'établissement de la République, des lois de 1875 à la Première Guerre mondiale, a été de trouver les voies du déblocage, en donnant peu à peu forme et droit à la puissance d'expression et d'auto-organisation de la société civile. Tout ne se joue pas dans la confrontation directe avec la puissance spirituelle. Il ne suffit pas de se concentrer sur la portée anticipatrice de la séparation de

1. Il est très instructif, de ce point de vue, de comparer la seconde séparation, celle de 1905, avec la première, celle qu'établit la Convention thermidorienne en 1794-1795 sur les ruines de la Constitution civile, et qui restera en vigueur jusqu'au Concordat de 1801. Elle assure le retour à la « liberté des cultes », mais dans le cadre d'une interdiction de fait de l'Église en tant qu'institution, au nom de la proscription de « toutes affiliations, agrégations, fédérations, ainsi que toutes correspondances en nom collectif entre sociétés ». Il s'agit d'empêcher une société civile religieuse de s'organiser, avec sa hiérarchie, son clergé, ses biens, tout en reconnaissant la liberté religieuse des citoyens pris individuellement (cf. Albert MATHIEZ, « Le régime légal des cultes sous la première séparation », dans *La Révolution et l'Église*, Paris, 1910). On voit tout de suite par contraste que l'enjeu central de la seconde séparation est le pluralisme social, la liberté de *faire société* à part de la société politique.

l'Église et de l'École qu'opèrent les lois scolaires de 1881-1882 (l'école « gratuite, obligatoire et laïque »). Le problème posé est d'une autre ampleur. Il engage l'idée d'ensemble du corps politique. Sa solution suppose un considérable détour. Elle passe par une reconnaissance institutionnelle, ô combien difficile, de la pluralité *sociale* de la société civile au-delà de sa diversité individuelle. Elle cheminera lentement. Il convient sous cet angle de mettre en série la loi sur les syndicats de 1884, la loi sur les associations de 1901, et la loi qui nous intéresse le plus directement, la loi de séparation de 1905, avec les vastes débats auxquels elles ont donné lieu, dans un moment où prennent corps par ailleurs les partis politiques au sens moderne (le parti radical naît en 1901, l'année de la loi sur les associations, la S.F.I.O. en 1905, l'année de la séparation). Chacune de ces lois a sa cible précise et ses enjeux spécifiques, mais elles participent toutes d'un même mouvement de fond. Du point de vue de la logique de ce développement juridico-social, la loi de 1905 représente un couronnement [1]. Le bruit et la fureur de la polémique mettant aux prises le traditionalisme théocratique et l'athéisme militant tendent à le faire oublier, mais ce dont il s'agit en vérité, au travers de la coupure du lien entre l'Église et l'État, c'est de l'aboutissement, sur le cas le plus épineux, de l'autonomisation libérale des groupes d'intérêt ou de pensée. À partir du moment où l'on peut loger des institutions aussi lourdes que les Églises du côté de la société civile, c'est qu'on est devenu pleinement capable de concevoir non pas seulement des consciences libres, mais, ce qui est beaucoup plus difficile, des collectifs indépendants, de puissantes autorités sociales pourvues de leur légitimité propre en face de l'autorité politique. Au-delà de l'antago-

1. Je reprends ce terme en écho aux propos du pasteur nîmois Samuel VINCENT qui prophétisait dans ses pénétrantes *Vues sur le protestantisme en France*, de 1829, que la séparation de l'Église et de l'État serait « le travail et le couronnement du XIX^e siècle ».

nisme frontal entre la République sans Dieu et la réaction cléricale qui occupe le devant de la scène, c'est d'un changement global de logique collective qu'il est question.

Étant donné la pesanteur de l'héritage, étant donné l'ambiance intensément conflictuelle où cet accouchement aux forceps s'opère, l'enfant présente une physionomie bien particulière. Le nouveau porte l'empreinte de l'ancien et des circonstances. Je voudrais souligner plus spécialement deux traits qui regardent, l'un la conception du régime politique où ce changement prend place, l'autre la conception de la laïcité qui en résulte.

L'initiative est aux républicains ; ils expulsent par un acte d'autorité l'Église de la sphère publique, ce qui, pour nombre d'entre eux, répond au souci d'affaiblir son influence, tandis que, pour nombre de catholiques, cette désofficialisation représente une atteinte à la dignité rectrice de leur foi. C'est en ces termes que l'affaire se joue explicitement. J'ai essayé de faire ressortir que son enjeu implicite était à comprendre en d'autres termes : elle participe, du point de vue classique de l'autorité de l'État, de l'esprit d'une dissociation libérale créditant la société civile d'une capacité autonome d'organisation, y compris confessionnelle — à cet égard, l'un des plus forts obstacles à vaincre était la crainte, du côté républicain, que « l'Église libre dans l'État libre » ne débouche sur « l'Église armée dans l'État désarmé ». Mais ce qu'il faut dire pour articuler les deux niveaux, c'est que cette concession majeure s'effectue dans un cadre où la prééminence de la sphère publique reste fortement marquée. Celle-ci caractérise la conception très particulière de la démocratie qui a le nom de *République* dans notre tradition politique. Elle tient en deux notions clés : « volonté générale » du côté de la Nation législatrice, et « intérêt général » du côté de la puissance exécutrice. Deux notions qui présupposent et font valoir une discontinuité tranchée entre le plan où les groupes particuliers et les intérêts privés ont leur expression légitime et le domaine de la généralité publique dont les organes représentatifs et l'État sont juges. Les deux ordres sont conçus comme très différents. La politique se passe ailleurs et au-dessus, même lorsqu'elle ne prétend plus régir l'ensemble de ce qui fait lien entre les citoyens, de sorte que l'émancipation de la sphère civile reste contenue en dernier ressort dans les bornes d'une subordination hiérarchique. La République, en d'autres termes, c'est le déploiement de la démocratie libérale et représentative à l'intérieur et par le moyen de l'autorité de l'État. Loin, en effet, d'être affaiblie par la démocratisation de son principe (au nom de la volonté générale) et par la libéralisation de son exercice (au nom du droit des croyances particulières), cette dernière s'en trouve justifiée et raffermie. Par sa grâce, le débat et l'action politiques deviennent le creuset alchimique d'une transcendance collective.

## LA POLITIQUE DE L'AUTONOMIE

Miracle d'une refondation de l'ancien par le nouveau, la tradition de l'autorité étatique venue du fond de notre histoire s'est trouvée revitalisée par les progrès de la liberté démocratique, qu'il s'agisse de la participation du nombre ou des manifestations de la diversité sociale. C'est cette conjonction rétroactive qui a fait l'âme de ce que nous appelons République. La Révolution française avait montré, sur le mode paroxystique, que la ressaisie de l'ancien absolu du pouvoir au nom de la nouvelle légitimité de la Nation appartenait à l'ordre du possible. L'établissement pacifique du régime républicain confirmera, après 1875, que la formule possédait une force d'attraction interne largement indépendante de la dictée des circonstances. Les incertitudes du suffrage universel et les flottements du régime d'assemblée, loin de détourner de l'idéal d'une concentration de la puissance collective dans l'État, en nourriront le culte. Mais on demeure, ici, somme toute, sur le terrain de ce que la pure logique des principes laisse augurer : on connaît depuis Rousseau l'alliance qui unit le règne absolu de l'individu et la souveraineté absolue du tout. Ce qui est beaucoup plus surprenant, c'est que la libéralisation de la République, l'autonomisation en son sein d'une sphère civile à base de libre association, ait pu conspirer au même résultat. C'est pourtant ce qui s'est passé. La reconnaissance d'une société indépendante de ses mouvements en dehors de la sphère politique, loin d'ébranler la figure de l'État ou de donner corps au projet de sa limitation, a tendu au contraire à refonder la suréminence de la puissance publique. Les syndicats et, de manière plus générale, le regroupement des intérêts, l'organisation des professions ? Mais cela n'en établit-il pas d'autant plus fortement le besoin d'un ferme représentant de l'intérêt général qui tranche une fois que tous les légitimes intérêts particuliers se sont exprimés ? Les partis ? Mais cela n'en rend-il pas d'autant plus nécessaire le recours à un arbitre impartial et à un garant de la continuité collective ?

Dans le cadre de cette refondation de l'étatisme républicain, la question laïque a tenu le premier rôle, un rôle matriciel. Un rôle à la mesure de la formidable difficulté qu'il s'agissait d'affronter, de la pression continue du problème sur trente ans. La tension séparatrice avec l'Église a été le levier qui a le plus contribué à élever l'État sur le pavois. Le partage n'a été possible, en effet, que moyennant l'attribution à la puissance temporelle d'un principe de suprématie à portée spirituelle. L'expression est prudente, à dessein. Elle est conçue pour éviter les formules toutes faites, qui tranchent d'avance, à coups de « sacré républicain » ou de « religion civile », de ce dont il s'agit d'établir la nature. Ces analogies aussi faciles qu'incertaines masquent le nœud de la difficulté, qui est précisément que la puissance temporelle est mise en demeure d'affirmer sa prééminence « spirituelle » sans pouvoir se battre sur le terrain et avec les armes de son adversaire. Elle ne peut pas opposer un « sacré » à un autre, une « religion » à une autre. Impossible, pourtant, de réduire l'ancienne institution englobante à une force sociale parmi d'autres sans conférer à l'autorité politique les moyens de soutenir la concurrence et de signifier la supériorité de ses fins par rapport à l'ensemble des forces sociales. Cela, d'autre part, difficulté supplémentaire, sans heurter de front la conviction majoritaire ni sortir des limites de la neutralité en matière religieuse.

Nul n'a posé le problème en termes plus nets et plus pénétrants qu'un philosophe injustement oublié, le kantien Renouvier, réactualisateur éminent de la doctrine criticiste en même temps que penseur de la République impliqué dans le siècle. D'entrée de jeu, dès les années 1870, il a su dégager les réquisitions de l'entreprise. « Sachons bien, écrit-il prémonitoirement en 1872, que la séparation de l'Église et de l'État signifie l'organisation de l'État moral et enseignant [1]. » Et de déplorer le faux libéralisme, le libéralisme d'indifférence, qui voue la pensée laïque à l'impuissance. Le propos de Renouvier est d'autant plus significatif qu'il est par ailleurs le plus libéral des républicains, féru de décentralisation et de « sociétés volontaires », le contraire d'un jacobin. Mais, sur ce chapitre, sa conviction est inflexible : « la suprématie de l'État est nécessaire », il a « charge d'âmes aussi bien que toute Église ou communauté, mais à titre plus universel » [2]. Certes, l'État n'a pas la

1. « L'éducation et la morale », *La Critique philosophique*, 1872, t. I, p. 279. Je dois à Marie-Claude Blais, qui prépare une thèse sur la philosophie politique de Renouvier, d'avoir attiré mon attention sur la portée de ces textes.

2. « D'où vient l'impuissance actuelle de la pensée laïque », *La Critique philosophique*, 1876, t. II, p. 100.

science, il ne possède aucune religion et il est même incompétent en matière de religion. Mais cela ne saurait signifier de sa part une indifférence complète, qui l'amènerait à tolérer de manière indiscriminée n'importe quelle doctrine s'offrant aux hommes sous le nom de religion. En réalité, il discrimine toujours et, s'il discrimine, c'est qu'il en a les moyens. « Bien que n'étant pas compétent pour juger ces doctrines au point de vue de la vérité, soit scientifique, soit religieuse, il les juge au point de vue moral [...] la morale est pour lui le souverain critère [1]. » Que se passerait-il s'il en allait autrement ? Ne sachant rien de la religion et de la morale par lui-même, l'État « serait obligé de s'en remettre à une autorité morale et religieuse à côté de lui, et par conséquent de se soumettre à cette autorité tout le premier ». On ne tarderait pas à retomber dans la « religion d'État ». Si l'on veut éviter cet écueil, il faut que l'État non seulement « possède de son chef une morale indépendante de toute religion », mais dispose de « la suprématie morale en toutes choses et envers toutes les religions » [2]. Pressé par la logique de son raisonnement, Renouvier, qui ne déteste rien tant que la perspective d'un « empire de la foi » ou d'une « administration des âmes », que ce soit dans sa version cléricale ou dans sa reprise positiviste, en vient à lâcher le mot fatidique. Il ne faut pas craindre, dit-il, de reconnaître dans l'État, dans la République, « un véritable pouvoir spirituel » : « C'est le pouvoir directeur moral des citoyens, émané de leurs volontés libres et pour la gestion de leurs intérêts moraux collectifs [3]. » Expression des libertés individuelles, ce pouvoir est limité par nature : « Il respecte les libertés individuelles dans leur réelle enceinte et dans tout ce qui n'est pas

1. « Questions au sujet des rapports des Églises avec l'État », *La Critique philosophique*, 1879, t. I, p. 124.

2. « Les réformes nécessaires. L'enseignement : droit fondamental de l'État », *La Critique philosophique*, 1876, t. I, pp. 243-244.

3. « Les réformes nécessaires. La liberté de l'enseignement », *La Critique philosophique*, 1878, t. II, p. 307.

matière obligée de règlements publics. Il laisse surtout les croyances religieuses et les cultes se développer librement en dehors de lui, pour autant que la juste revendication des droits de la conscience ne s'étend pas abusivement jusqu'à des actes et des ingérences incompatibles avec le droit commun, et que nulle religion ne tente de donner à ses institutions une autorité rivale de l'autorité civile, lui disputant son domaine et tendant à la détruire [1]. » Tolérance complète, donc, pour autant que l'autorité civile soit sans rivale dans son ordre, s'agissant des valeurs substantielles au nom desquelles elle coiffe la collectivité, valeurs qui ne sont autres, en l'occurrence, que celles du contrat social. L'État républicain a le droit et le devoir de défendre et de propager « les principes rationnels, moraux, politiques » sur lesquels il est fondé : « Ces principes, dans la conception moderne de l'État, sont les principes mêmes de la liberté réciproque et réciproquement limitée et garantie de tous les citoyens [2]. » L'État, autrement dit, a vocation enseignante et normative. « Il a légitimement, dit encore Renouvier, le pouvoir éducateur à l'égard de ceux qui sont appelés à être ses membres, et un pouvoir régulateur général, fondé sur des principes moraux [3]. » Mais quelle morale ? La morale commune, la morale des pères de famille invoquée par Jules Ferry peut-elle suffire à la tâche ? Cela paraît bien improbable. Renouvier, pour son compte, place la barre autrement plus haut : « La morale ne peut atteindre à une suprématie effective et devenir opposable à la religion, chez un peuple dont la religion dominante est sacerdotale et absolutiste, qu'à la condition d'offrir à la foi positive un aliment sérieux, en même temps que d'éloigner les esprits des croyances superstitieuses, et surtout des doctrines contraires à la justice.

1. *Ibid.*, p. 307.
2. *Ibid.*, p. 304.
3. « Les réformes nécessaires. L'enseignement : droit fondamental de l'État », *La Critique philosophique*, 1876, t. I, p. 245.

C'est dire que la morale enseignée doit être dogmatique, et non seulement différente de la faible et vague morale scolaire, regrettée par l'éclectisme, non seulement d'une autre nature que la morale des écoles utilitaires ou sentimentales, dont les plus excellentes maximes ne visent que l'intérêt et l'agrément de la société, mais une éthique amenant à sa suite une théologie rationnelle, une éthique dont on puisse dire avec Kant qu'elle "précède la croyance en Dieu et qu'elle mène pratiquement à la religion qui est la connaissance des devoirs comme commandements divins" [1]. »

Si j'ai un peu longuement cité ce texte, c'est pour sa pointe utopique, et pour ce qu'il fait apparaître *a contrario*, en face du peu de vraisemblance de la solution qu'il invoque. Car ce problème d'apparence insoluble, au vu des moyens que de bons esprits jugeaient indispensables pour en venir à bout, a quand même été résolu. Et il l'a été en propulsant l'État dans une position de supériorité, comme Renouvier en avait discerné l'exigence, même si ç'a été par d'autres moyens que ceux qu'il regardait comme l'unique

1. *Philosophie analytique de l'histoire*, Paris, 1896, t. IV, p. 142. Je n'entre pas, à propos de ce dernier texte, de vingt ans plus vieux que ceux que j'ai précédemment cités, dans la discussion qu'il appellerait relativement à l'évolution de la pensée du dernier Renouvier dans un sens davantage « spiritualiste ». La différence, pour ce qui concerne mon propos, est d'accent. Elle ne modifie pas la structure de la problématique.

On trouve une problématique très analogue dans le cours inaugural de Durkheim à la Sorbonne, en 1902-1903, sur l'« éducation morale ». Lui aussi pense qu'une rationalisation et une laïcisation hâtives, se contentant d'écarter toute référence religieuse, ne peuvent guère aboutir qu'à « une morale appauvrie et décolorée ». « Pour parer le danger, expose-t-il, il ne faut donc pas se contenter d'effectuer une séparation extérieure. Il faut aller chercher au sein même des conceptions religieuses, les réalités morales qui y sont comme perdues et dissimulées ; il faut les dégager, trouver en quoi elles consistent, déterminer leur nature propre, et l'exprimer en un langage rationnel. Il faut, en un mot, découvrir les substituts rationnels de ces notions religieuses qui, pendant si longtemps, ont servi de véhicule aux idées morales les plus essentielles. » In *L'Éducation morale*, Paris, P.U.F., 1963, pp. 7-8.

ressource. C'est en ce point que l'horizon utopique de son analyse devient une précieuse incitation pour la réflexion. Qu'est-ce qui, à défaut de la « théologie rationnelle » dont il appelait le concours de ses vœux, a pu fournir un instrument « spirituel » assez puissant pour se subordonner la croyance majoritaire, sans la froisser de manière irréparable ? Car telle est l'équation imposée, encore une fois : englober la religion, les religions sans les violenter, depuis un plan qui leur soit supérieur, tout en étant ultimement acceptable par elles [1].

Il y a simplement que l'histoire ne se présente pas dans son cours avec la clarté de l'analyse. Son nom est confusion. Elle mêle à plaisir les facteurs que le philosophe essaie d'isoler. Nous ne nous trouvons pas, au cours des années qui précèdent la décision de 1905, devant un élément dont le rôle s'imposerait d'évidence, mais devant une synergie de facteurs s'étayant les uns les autres et dont les pesées respectives ne sont pas simples à établir. Ce n'est pas que le

1. C'est en fonction des termes de cette équation, soit dit au passage, qu'on mesure à quel point la solution républicaine n'a rien à voir avec une « religion civile ». Dans le cas américain, qui en fournit l'exemple classique, la religion civile désigne la transposition dans la sphère publique d'un christianisme de la société civile ramené à son plus petit commun dénominateur, de manière à neutraliser les susceptibilités confessionnelles (Robert BELLAH, « La religion civile aux États-Unis », *Le Débat*, n° 30, mai 1984). La séparation des Églises et de l'État, très tôt opérée, et dictée par la pluralité des dénominations religieuses, n'empêche pas une connivence dernière de l'autorité et des croyances, autour de leur racine commune, au sein de ce qui demeure *« A Nation under God »*. Rien de pareil n'est concevable pour l'État républicain à la française. Il ne s'agit pas pour lui de se séparer des *confessions*, comme dans le cas américain, mais de la *religion* même, pour autant que la présence d'un catholicisme hégémonique et la nature des prétentions de l'Église romaine transforment le problème d'*une* religion particulière en problème de *la* religion en général. Problème autrement lourd dont l'issue ne peut passer que par de tout autres moyens. Il exige de trouver une alternative non religieuse à la religion, dans laquelle la religion puisse entrer.

diagnostic programmatique de Renouvier se soit montré sans pertinence aucune. La « notion morale de l'État » n'a certes pas prévalu avec la rigueur et la cohérence qu'il eût voulu mais, à l'heure de l'affaire Dreyfus, elle a joué son rôle. La guerre civile des esprits a rendu clair que la République se devait d'être du côté de la vérité et de la justice ou n'avait pas lieu d'être. Et il est acquis que l'École a tenu une place éminente dans l'acceptation de la République, au-delà et au-dessus de l'adhésion confessionnelle. Par ses capacités intrinsèques de persuasion, mais aussi à titre de symbole et de point d'application privilégié de deux valeurs qui connaissent alors leur moment de pénétration massive dans l'esprit des populations et qui n'ont pas peu compté dans l'accréditation d'une autorité terrestre autonome : le culte de la nation et l'espérance du futur. Lieu d'apprentissage du civisme, l'École est l'institution clé où se transmet le sens de la dette sacrée envers la patrie et où s'assure la primauté du collectif. Lieu naturel de la préparation des lendemains, l'École se hausse aux dimensions d'un laboratoire de l'avenir lorsque l'enfance et la jeunesse achèvent d'acquérir leurs traits distinctifs dans le système des temps sociaux et que, par ailleurs, la foi dans les promesses du futur prend un nouvel essor (c'est autour de 1900 que les « religions séculières » trouvent leur forme définitive, au terme d'une longue incubation, la version léniniste du marxisme fournissant à cet égard le plus sûr des repères). Mais la part déterminante dans cet exhaussement de l'autorité politique me semble être revenue à l'idée même de la politique. Un facteur dont il est étrange qu'il ait pu échapper à un penseur de l'autonomie aussi résolu que Renouvier — peut-être baigne-t-il en elle au point qu'il est incapable de l'objectiver. C'est la réactivation d'une certaine figure de la puissance démocratique qui a procuré à la République son fondement le plus solide, s'agissant d'opérer l'englobement et la privatisation des croyances. La refondation des parages de 1900 s'est jouée aussi sur le terrain « métaphysique », le terrain de la signification métaphysique de la liberté politique, de la puissance des hommes de décider collectivement de leur destin. Bien que de façon diffuse, la bataille décisive s'est livrée là. L'État républicain y a gagné la légitimité intellectuelle, morale, spirituelle dont il avait le plus besoin, celle susceptible de rallier dans la durée le plus grand nombre des fidèles, en dépit des anathèmes de leurs chefs.

La situation d'affrontement avec un catholicisme raidi dans le rejet du monde moderne a fourni son théâtre et son aliment naturels à ce retour aux sources. L'Église du *Syllabus* (1864) et de l'infaillibilité pontificale (1870), conservatoire de l'esprit dogmatique et de l'idéal du pouvoir absolu, est bien davantage qu'une force rétrograde. En ses aspirations à la domination spirituelle, au « monopole de la connaissance du droit et du devoir », elle représente un véritable *parti de l'hétéronomie*. En quoi elle contraint en regard le parti de la démocratie à donner à celle-ci la plénitude de son sens : elle est *projet de l'autonomie*, ou elle n'est rien. L'objet de la politique démocratique, la visée qui l'organise, c'est de faire rentrer la communauté des hommes en possession de la maîtrise de ses raisons et de ses fins. Elle doit donner forme à une réappropriation du choix de soi à l'échelle collective.

Ni le défi ni la réponse ne sont choses nouvelles, en 1875. C'est sous un signe analogue, en fonction de la même logique, que l'idée démocratique a effectué sa première percée, en France, au milieu du XVIIIe siècle. Le réveil des disputes de religion, dans les années 1750, ranime l'appel à la subordination de l'Église. Il redonne voix et vigueur à la vieille demande, portée par le parti parlementaire, d'une intervention de l'État suffisamment déterminée pour remettre à sa place une hiérarchie catholique incurablement tracassière et « inquisitoriale ». La nouveauté, c'est que ce recours, devenu traditionnel, à l'autorité souveraine, se trouve associé à une demande entièrement inédite, elle, de *liberté* — liberté des consciences, mais aussi liberté de la Nation. Le problème n'est plus, comme dans le schéma absolutiste classique, d'imposer l'empire du roi, comme le seul relais valide de la toute-puissance divine, en face des usurpations du sacerdoce. Il est certes toujours de soumettre le prêtre à la puissance publique légitime, mais cela afin, d'une part, de garantir les droits de la croyance individuelle et, d'autre part, d'établir le droit suprême de la communauté en matière de religion, ce qui peut vouloir dire bien des choses — derrière la faculté de se donner la religion de son choix, se profile une ultime capacité de se donner sa propre loi, hors de l'étreinte du divin. On voit les deux conséquences capitales qui vont résulter de cette équation conjoncturelle : l'intime liaison de la question de la liberté personnelle avec la question de l'autorité collective, et l'attribution d'un enjeu métaphysique à la question de la souveraineté [1]. Le génie de Rousseau va être de savoir exploiter les ressources philosophiques de cette situation et de la pourvoir d'un langage à sa hauteur. Du point de vue qui nous intéresse, on peut dire qu'il procure d'emblée, avec le *Contrat social*, en 1762, son expression achevée à l'idée démocratique à la française. Telle la déesse, celle-ci naît tout armée ; elle vient au monde dotée de sa conception la plus entière et la plus rigoureuse. Faut-il le préciser ? Je ne songe pas à ce que Rousseau dit du *régime* démocratique, qu'il réserve aux Dieux, comme chacun sait, mais à ce qu'il appelle *République*, soit le gouvernement légitime, défini par le règne de la volonté générale, quelle que soit par ailleurs la forme monarchique, aristocratique ou démocratique de son administration, laquelle volonté générale suppose le concours de toutes les volontés — exigence où nous sommes

1. Je m'explique de façon plus détaillée sur le contexte et le mécanisme de cette percée dans une étude sur le « nœud théologico-politique des Lumières françaises », à paraître.

fondés à reconnaître ce qui s'est imposé à nous depuis sous le nom de démocratie. Rousseau opère un prodige, l'appropriation démocratique de la souveraineté absolue. Il faut une toute-puissance dans l'État, celle de la loi, sauf que cette toute-puissance ne peut être que de l'incorporation de l'ensemble de volontés citoyennes toutes égales entre elles. Pouvoir et liberté, loin de s'exclure mutuellement, comme le voudrait le modèle anglais, s'accomplissent l'un par l'autre. Ce n'est qu'à l'intérieur de la souveraineté en corps des citoyens que l'indépendance des individus est susceptible de s'épanouir. Le modèle de la liberté est commandé ici par l'opposition à la « religion du prêtre » et à la sujétion qu'elle incarne. Non seulement il faut une autorité capable d'imposer la tolérance aux intolérants, mais il faut une souveraineté capable de matérialiser la puissance des hommes de se constituer eux-mêmes. La liberté des personnes ne trouve son vrai sens qu'au travers de la participation à cette suprême liberté dont la communauté politique a seule l'exercice.

La percée aurait pu rester sans lendemain — les fulgurances du *Contrat social* ne rencontrent guère d'écho sur l'immédiat —, n'était la rupture révolutionnaire qui porte ses conditions inspiratrices à l'incandescence. La Révolution est amenée à refaire pour son compte le chemin de pensée conduisant de la subordination politique de la religion à l'affirmation métaphysique de l'autonomie. L'affrontement avec l'Église, déterminé par le refus de celle-ci de s'accommoder de la soumission, somme toute de type absolutiste classique, que prévoyait la Constitution civile du clergé, apparaît à cet égard comme l'un des nœuds de l'événement. Il est l'un des facteurs qui ont le plus contribué à la radicalisation des esprits, en les menant, selon une route déjà balisée, du droit de la Nation à régenter le culte au pouvoir de l'humanité en corps de définir sa règle. Avec cette terrible bataille, les anticipations solitaires de Rousseau achèvent de s'imposer à la conscience révolutionnaire et de s'incorporer au socle de ce qui deviendra sa tradition politique. Il ne faut pas l'attribuer à l'exercice d'une influence, mais à une appropriation rétrospective déterminée par la rencontre des conjonctures. La Révolution fait l'expérience, en grand et en tragique, des conditions à partir desquelles Rousseau a été conduit, sur le terrain spéculatif, à marier indissolublement la liberté de chacun et la souveraineté de tous. Elle fonde les droits de l'homme, dans une configuration qui contribue déjà puissamment à la retourner vers les vues du Citoyen de Genève — et c'est pour se heurter à la religion établie qui lui oppose les droits de Dieu. L'obstacle la déterminera à aller jusqu'au bout de cette affirmation d'une souveraineté des libertés qui transfigure la politique en moyen d'une émancipation métaphysique. Voilà ce qui la projette dans les pages du *Contrat social*. À part cela, qu'elle les ait lues de travers ou mal comprises, peu importe. Il y a un rousseauisme structurel, ancré dans la communauté des circonstances, bien différent du rousseauisme textuel, et tous deux ont leur vérité d'histoire. Ce qui compte, c'est cette logique des conditions de définition, telle que l'événement révolutionnaire la fixe dans l'inoubliable. Son rayonnement à travers le temps explique une bonne part des caractères originaux qui singulariseront durablement l'entente française de la démocratie. La maximisation de la visée métaphysique dicte la compréhension des modalités pratiques. La ressaisie du soi collectif, en lieu et place de l'assujettissement aux Dieux, est exigeante quant aux formes et aux canaux susceptibles de lui procurer sa traduction concrète. Difficile de penser le pouvoir, quand il est admis que la seule liberté qui vaille est celle qui délivre le genre humain des chaînes du ciel.

C'est cette situation source que retrouve la III^e^ République dans sa phase cruciale d'établissement. Là non plus, il n'est pas question de fidélité à des textes, mais d'homologie des contextes. Le repoussoir de la domination cléricale, l'« inspiration antisacerdotale », comme dit Renouvier, vont porter une réélaboration de cette idée moins radicale que maximale de la démocratie. Rousseau conjoint les deux : la démocratie doit être radicale pour être maximale ; seule la démocratie directe (la participation en personne à l'expression de la volonté générale) est à même d'assurer le règne de l'autonomie. La République parlementaire va d'autant plus dissocier les deux axes, à l'opposé, que son dessein est tout libéral, en l'occurrence. La remobilisation de l'idéal d'autonomie dans la sphère publique est au service de sa séparation d'avec la sphère civile. S'il s'agit de redonner à la politique son plus éminent enjeu à l'échelon collectif, c'est afin d'assurer d'autre part la plus grande liberté aux consciences individuelles dans la société. La maximisation de la démocratie, métaphysiquement parlant, est l'instrument de la disjonction libérale entre l'État et la société, avec ce que celle-ci implique d'éloignement vis-à-vis des voies de la démocratie directe et de recours obligé à la représentation. On voit ainsi émerger une forme originale de démocratie libérale, mariant la reconnaissance ordinaire de la pluralité sociale avec une accentuation spécifique du rôle de l'État. De l'État en tant que foyer de l'« unité morale » de la collectivité où se met en scène et se matérialise la plénitude de son pouvoir de décision quant à elle-même.

Le point capital rendant crédible cette version libérale de la politique de l'autonomie est que sa visée n'est pas intrinsèquement antireligieuse. Elle est frontalement hostile aux prétentions terrestres des Églises, mais aucunement à la religion comme telle. Elle demande simplement aux croyants de réserver leurs espérances individuelles de salut pour l'autre monde et d'accepter de jouer le jeu coopératif de l'autonomie en ce monde — ce que la plupart d'entre eux ont consenti : la réussite de la République a été de rallier les fidèles en les détachant de leurs pasteurs. L'autonomie dont il est question, en effet, c'est peut-être son principal caractère distinct, se construit dans l'ordre collectif, par rapport à une croyance d'ordre individuel. La possession et détermination de soi qu'il s'agit de recouvrer regarde l'existence en commun, étant entendu qu'il y a une part singulière et privative de l'existence où chacun interprète comme il l'entend l'ultime mystère de notre condition. Même si l'on doit conclure qu'elle est métaphysiquement assujettie en dernier ressort, l'espèce humaine a le gouvernement politique d'elle-même. L'ordre qui tient les hommes ensemble est leur produit ; il est de part en part justiciable de leur volonté ; ils ont à définir les lois auxquelles ils obéissent. La politique conçue comme l'agencement délibéré d'un corps collectif artificiel constitue de la sorte pour l'humanité le sublime vecteur d'une affirmation transcendante de sa liberté : elle est l'élément où elle reconquiert sa puissance sur elle-même et où elle vérifie sa disposition d'elle-même [1].

En réalité, de par la nature même de cet antagonisme générateur avec la religion, il y aura toujours eu deux voies possibles pour la politique de l'autonomie. À côté de sa version libérale, à base de différenciation des ordres, ne repoussant dans la religion que le parti politique de l'hétéronomie, elle aura de naissance comporté une version autoritaire, aspirant à la destruction de toute religion au nom de l'autonomie et tendant à l'absorption de l'existence entière des

1. L'originalité de l'expérience républicaine, telle qu'elle pouvait être ressentie de l'intérieur, est vigoureusement rendue par un auteur socialiste indépendant comme Eugène FOURNIÈRE : « Pour notre compte et pour celui de toutes les nations d'Europe qui aspirent à la liberté politique et à la justice sociale, nous tentons en France une expérience inouïe. Nous voulons fonder l'ordre politique, social et moral sur la raison, la science et la délibération. Nous avons brisé toutes les traditions et nous sommes plus libérés et dénués de tout que les premiers pionniers d'Amérique, qui du moins avaient emporté leur bible avec eux. Notre école est sans Dieu et notre village sans prêtre. Nous avons pour règle unique la conscience individuelle ouverte à toute la critique et pour unique régulateur le code pénal » (*La Crise socialiste*, Paris, 1908, p. 353).

citoyens dans la politique au titre de la réalisation de l'autonomie. Dans tous les moments importants où il s'est agi de l'actualisation du projet d'autonomie, on a vu les deux directions coexister et se combattre. Le moment 1900 ne fait pas exception à la règle. La religion séculière ne prend pas son essor par hasard dans le temps où s'opère la séparation de la religion et de l'État. Les deux mouvements sont corrélatifs. Il s'alimentent à la même source ; ils poursuivent le même but par deux chemins opposés. L'ambition totalitaire, dans sa teneur spécifiquement contemporaine, se formule parallèlement à la décantation de l'idéal démocratique dans sa forme nouvelle de confrontation de partis. Dans le premier cas, l'hostilité radicale à la religion, la volonté de la supplanter complètement et définitivement conduisent en fait à se modeler sur elle ; la perspective du salut est transportée dans le temps terrestre ; le projet d'autonomie devient prétention d'accoucher l'histoire de son aboutissement, sous les traits d'une société pleinement maîtresse d'elle-même parce que unie avec elle-même dans toutes ses parties sous le signe de la science achevée d'elle-même ; la théocratie renaît comme idéocratie. Dans le second cas, au rebours de cette foi dans l'unité, s'installe une culture du partage, de la division, de la contradiction ; le problème est préféré à la solution ; la délibération sur les fins collectives est posée comme une fin en soi ; l'autonomie est comprise comme ce qui s'atteste dans la confrontation illimitée au sujet de soi. La portée de l'alternative n'a pas besoin d'être soulignée ; elle sera le dilemme du siècle. Mais au-delà de cette divergence cardinale sur la manière de mettre l'idéal en pratique, il faut bien voir que l'enjeu de la politique est conçu de la même façon dans les deux cas.

Dans l'une et l'autre version, le niveau collectif est semblablement valorisé comme le niveau où se réalise spécifiquement l'émancipation humaine. C'est au travers de l'effort pour penser et vouloir en commun les conditions de leur existence commune, et seulement au travers de lui, que les hommes ont la possibilité de devenir véritablement humains, en contribuant à la rentrée de l'humanité en possession d'elle-même — simplement, la version totalitaire en fait un objectif exclusif, auquel tout le reste doit être subordonné, quand la version libérale laisse subsister en dehors du citoyen un individu privé, maître de la hiérarchie de ses buts personnels. Partage qui n'empêche aucunement ce libéralisme de cultiver une image exigeante de la citoyenneté, à la mesure de l'ambition démocratique avec laquelle il se combine. Si la puissance que la politique a la charge de mobiliser réside dans l'être-en-commun et là seulement, alors, être citoyen, c'est compter pour une partie dans cette autonomisation collective. Il est demandé à chacun, pour ce faire, de quitter son site propre, de se démarquer de lui-même afin d'adopter le point de vue de l'ensemble, le seul topique. La citoyenneté, ou la chance offerte aux individus de s'élever au-dessus de l'étroitesse de leur particularité, de se transcender eux-mêmes en participant à la généralité publique.

# La neutralité démocratique

Telle me paraît être, donc, la formule théologico-politique de la démocratie qui a permis à l'État républicain d'opérer sa séparation non seulement avec l'Église, mais avec la religion, dans des conditions libérales. Elle lui confère plus que la suprématie, une totale indépendance, dans l'ordre terrestre, mais dans des conditions qui n'empêchent aucunement le citoyen en tant que croyant de continuer à cultiver par-devers lui l'idée qu'il veut de ses rapports avec le ciel. Et de fait, encore une fois, les masses catholiques ont ratifié la formule, avec ses implications sous-jacentes quant à l'image du divin et des rapports entre le divin et l'humain. Celles-ci se résument en deux mots : Dieu est le séparé. Il ne se mêle pas des affaires politiques des hommes. Il ne requiert pas que la société soit ordonnée en vue de la « béatitude éternelle » comme sa raison dernière, ainsi que le pape le réclame encore dans sa condamnation de la séparation, en 1906 [1]. Le salut est affaire individuelle.

1. « Cette thèse [de la séparation], écrit le pontife, est la négation très claire de l'ordre surnaturel. Elle limite, en effet, l'action de l'État à la seule poursuite de la prospérité publique durant cette vie, qui n'est que la raison prochaine des sociétés politiques ; et elle ne s'occupe en aucune façon, comme lui étant étrangère, de leur raison dernière, qui est la béatitude éternelle » (cité par Jean-Marie MAYEUR, *La Séparation de l'Église et de l'État*, Paris, Julliard, coll. « Archives », 1966, p. 119).

Cette théologie implicite est ni plus ni moins celle que Portalis exposait sans détour, en 1801, pour justifier le Concordat : « On ne doit jamais confondre la religion avec l'État : la religion est la société de l'homme avec Dieu ; l'État est la société des hommes entre eux. Or, pour s'unir entre eux, les hommes n'ont besoin ni de révélation, ni de secours surnaturels ; il leur suffit de consulter leurs intérêts, leurs affections, leurs forces, leurs divers rapports avec leurs semblables ; ils n'ont besoin que d'eux-mêmes [1]. » Il a fallu un siècle pour que le principe de ce partage pénètre les masses croyantes, de concert avec les valeurs de l'individualisme démocratique, jusqu'à leur rendre acceptable, malgré la condamnation de leurs pasteurs, la dissociation en chacun du croyant et du citoyen. L'absorption des religions dans la démocratie, et singulièrement de la religion catholique, ne s'est pas faite sans une transformation tacite du contenu de la foi sous la pression, ou l'attraction de la démocratie [2]. Nul doute que, dans ce travail de captation, la transfiguration du sens de la liberté, la magnification du rôle de l'État, la dignification de la fonction du citoyen ont exercé un appel décisif. En mettant la politique, en dehors de la religion, à la hauteur de la religion, elles ont rallié à la République nombre d'esprits religieux qui entendaient devenir des citoyens exemplaires, tout en restant par ailleurs des fidèles obéissants.

1. *Discours, rapports et travaux inédits sur le Concordat de 1801*, Paris, 1845, p. 86 (le texte appartient au *Rapport du citoyen Portalis, conseiller d'État, chargé de toutes les affaires concernant les cultes, devant le Corps législatif, sur les articles organiques de la convention passée à Paris, le 26 messidor an IX, entre le Gouvernement français et le Pape*).

2. La pesée du suffrage universel, qui a peu à peu changé le statut de la foi de mentalité communautaire en opinion individuelle, a été un facteur opératoire déterminant de ce processus. Le point est fortement dégagé par Philippe Boutry dans *Prêtres et paroisses au pays du curé d'Ars*, Paris, Éd. du Cerf, 1986.

Il suffit en même temps d'énoncer la formule pour mesurer le chemin parcouru depuis l'époque de sa cristallisation. Il saute à l'œil qu'un abîme nous en sépare, et que chaque jour nous en éloigne davantage, dans la situation de changement rapide où nous nous trouvons. Ce qui a fait sa force et ses succès d'hier est ce qui la frappe d'obsolescence accélérée aujourd'hui. Il ne faut pas aller chercher ailleurs les motifs de l'incertitude qui taraude notre culture politique héritée. Elle est désertée par l'esprit qui a présidé, sinon à sa fondation, en tout cas à son dernier grand moment fondateur. L'idée de la République sur l'acquis coutumier de laquelle nous continuons de vivre a perdu son âme avec l'idée de la laïcité qui la flanquait comme sa plus intime compagne. La source de sens à laquelle elles s'alimentaient s'est tarie. Les termes du rapport entre religion et politique en fonction desquels elles s'étaient définies se sont radicalement déplacés.

Nous sommes sortis de l'ère d'une autonomie à conquérir contre l'hétéronomie. Cela parce que la figure de l'hétéronomie a cessé de représenter un passé toujours vivant et conséquemment un avenir toujours possible. L'intégration des religions dans la démocratie est consommée ; le catholicisme officiel lui-même, si longtemps réfractaire, a fini par s'y couler et par en épouser les valeurs. Un mouvement qui s'est traduit, sur le plan obscur, mais capital, de la théologie implicite que j'évoquais à l'instant, par un nouvel éloignement de Dieu. Il est devenu incongru ou grotesque de mêler l'idée de Dieu à la norme de la société des hommes, et plus encore de rêver d'on ne sait quelle conjonction entre les nécessités de la terre et l'inspiration du ciel. Le surnaturel et le naturel ne sont pas faits pour se mêler ou s'associer. Ce n'est pas à un rapprochement humanisant du divin que nous avons assisté, mais exactement à son opposé, à une extériorisation du divin par rapport au monde humain qui a vidé ce dernier de toute perspective de matérialisation d'un absolu [1]. Rien de notre expérience, qu'il s'agisse de connaissance, de règle morale, d'art ou de politique, n'a quelque parenté ou communication que ce soit avec l'au-delà de l'homme. Nous nous trouvons à cet égard dans un moment kantien — le moment où se parachève la dissociation opérée par Kant entre la connaissance selon l'homme et la science divine, moyennant l'élimination de tout ce qui avait pu paraître de nature à restaurer l'accès au suprasensible, et moyennant l'expurgation de ce qui, chez Kant même, maintenait malgré tout l'enracinement de l'homme dans le suprasensible. Autrement dit, l'autonomie l'a emporté ; elle règne sans avoir à s'affirmer en face d'un repoussoir fort de l'épaisseur des siècles, et cela change tout.

Cela change de fond en comble les horizons et les conditions d'exercice de la démocratie. La politique a perdu l'objet et l'enjeu qu'elle devait à son affrontement avec la religion. Invisible et brutale, une onde dépressive surgie vers 1970 a entraîné la révision drastique des objectifs à la baisse, à tel degré que les espoirs investis hier encore dans l'action collective nous sont devenus proprement incompréhensibles. Sous cet angle, la redéfinition de la démocratie à l'œuvre depuis un quart de siècle participe bel et bien du même processus que la désagrégation du socialisme réel. Si éloignés qu'ils soient dans leurs expressions, les deux phénomènes n'en sont pas moins secrètement solidaires en pro-

1. En clair, on ne peut se tromper davantage dans le diagnostic, à mon sens, que ne le fait Luc Ferry en parlant d'« humanisation du divin » et de « divinisation de l'humain » (cf. *L'Homme-Dieu*, Paris, Grasset, 1996). Nous avons affaire, exactement à l'opposé, à une dynamique séparatrice qui « désanthropomorphise » le divin et ôte de l'humain tout ce qui pouvait encore subsister en lui d'une participation, même lointaine, au divin — humain, rien qu'humain. Cela valorise l'homme, sans doute, mais dans la proportion où il se « dédivinise ». Et cela n'« humanise » le divin que dans la mesure où il y perd les traits d'un recteur implacable des conduites, directement intéressé à l'observance de ses commandements et au châtiment des coupables. Ce n'est pas l'effet d'un rapprochement convivial, mais d'un surcroît d'altérité.

fondeur. Ils relèvent d'un même déplacement fondamental du croyable, qui a ruiné, ici, la vraisemblance de la solution communiste à l'énigme de l'histoire et défait, là, le sens de l'aspiration au gouvernement de soi collectif. C'est à cet évidement primordial qu'il faut rapporter la déperdition de substance qui affecte la figure de notre République et qui la réduit peu à peu à un décor, certes glorieux, mais inhabité. Son cas n'est pas isolé, mais comme c'est en France que la sublimation de la politique en tant qu'alternative à la religion a connu son développement le plus poussé, c'est là aussi que son recul acquiert le plus de relief. Ce n'est pas avec des incantations passéistes qu'on redonnera vie à des formes et à des normes qui dépérissent pour avoir triomphé — la plus irréversible des morts, celle qui écarte toute virtualité de renaissance. Elles ont rempli leur mission, au point que l'évanouissement de leur vis-à-vis les prive de raison d'être. Rien ne pourra restituer leur ancienne énergie spirituelle au sacerdoce du citoyen, à la majesté morale de l'État, aux sacrifices sur l'autel de la chose publique. Ces instruments cultuels ont irrémédiablement perdu leur fonction. Plus n'est besoin de dresser la cité de l'homme à la face du ciel. Nous sommes en train d'apprendre la politique de l'homme sans le ciel — ni avec le ciel, ni à la place du ciel, ni contre le ciel. L'expérience ne laisse pas d'être déconcertante.

## LA VAGUE LIBÉRALE

La rupture est d'autant plus faite pour être ressentie, en France, que le mouvement qui nous entraîne depuis vingt ou vingt-cinq ans succède à une période où nous avions assisté, depuis 1945, à un triomphe sans précédent de l'État démocratique et de la démocratie par l'État. Au cours de ces

« Trente Glorieuses », les Français ont connu, en sus des bénéfices de la haute croissance, le bonheur spécial de voir leur tradition politique la plus profonde en harmonie avec le mouvement général du monde. La priorité était partout à la mise en place de l'État protecteur et de l'État organisateur. Nous ne faisions rien que ce que faisaient les autres, mais nous pouvions le faire avec l'enthousiasme supplémentaire de nous retrouver naturellement à l'avant-garde du courant, ayant à faire ce que nous savions le mieux faire — alors qu'aujourd'hui le mouvement du monde nous prend à contre-pied et nous rejette du côté de l'archaïsme.

Sous le coup de la crise ouverte dans les années 1970, la foi volontariste dans l'impulsion étatique s'est vue supplantée par le retour en grâce des voies libérales de la régulation automatique. Des voies libérales qu'on avait crues un peu vite définitivement disqualifiées par la tourmente des années 1930 — une crise aura ramené ce qu'une crise avait emporté. Le phénomène est bien connu dans ses aspects économiques. Le tournant anglo-américain de 1979-1980 lui a donné son expression la plus saillante, avec les déréglementations agressives conduites par les administrations Thatcher et Reagan. Une décennie plus tard, la chute du mur de Berlin, la débâcle des économies collectivisées, la percée des capitalismes émergents, l'entrée des masses continentales de l'ancien tiers-monde dans le jeu des échanges — Brésil, Inde, Chine — sont venues sceller le basculement du monde, en consommant son unification sous le signe du marché.

Je mentionne ces faits parce qu'ils suggèrent l'ampleur de la vague où s'inscrit le déplacement que nous avons à cerner. Il participe d'une mutation globale qui engage aussi bien la marche de l'économie, le fonctionnement des systèmes politiques ou l'organisation des sociétés que le régime du croyable. Nous assistons à quelque chose comme un retournement de cycle dans l'histoire éminemment cyclique du cadre à la fois étatique et libéral qui est le nôtre. Tout semble se passer comme si l'une ou l'autre des composantes devaient alternativement prévaloir, les phases d'étatisation et les phases de libéralisation se supplantant et s'appelant l'une l'autre. Nous voyons se clore le grand mouvement de solidarisation et de structuration collectives au travers duquel nos sociétés se sont employées, depuis la fin du siècle dernier, à maîtriser les conséquences des révolutions industrielles, mouvement dont l'étatisation d'après 1945 a représenté le bouquet final. Le balancier repart dans l'autre sens, comme si cette consolidation étatique, en même temps qu'elle avait atteint les limites de son efficacité dans sa formule actuelle, avait d'autre part créé les conditions d'une libéralisation de rang supérieur, faisant fond, en réalité, sur les ressources de prévisibilité et de sécurité accumulées au cours de la période antérieure. Peut-être, du reste, n'est-on pas sans discerner déjà, dans l'autre sens, là où le retour aux mécanismes de l'ordre spontané a été le plus loin, les motifs et les canaux qui ramèneront un jour l'emprise intégratrice des États, à des niveaux et sous des traits inédits.

Ce mouvement de libéralisation possède un support puissant. Il se nourrit, à l'enseigne de l'information et de la communication, d'un changement de système technique. Faut-il y reconnaître, comme beaucoup y inclinent, le moteur d'une troisième révolution industrielle ? Ce qui est sûr, c'est que les nouvelles machines et les nouveaux réseaux de machines bouleversent, au même titre et avec, peut-être, plus de force encore que les vagues antérieures du machinisme, les conditions de l'agir et du faire, le statut de l'acteur et les modalités du lien entre les êtres. Le possible technique ouvre littéralement un nouvel espace interhumain. Il reconfigure l'être-ensemble. Il dessine un monde à la fois incomparablement solidaire et radicalement décentralisé. Il relie et, en reliant, il singularise ; il individualise du même mouvement qu'il universalise. Le décloisonnement, l'élargissement des domaines de référence, la mise en relation générale ont pour effet de consacrer les options personnelles, les liens choisis, les rapports contractuellement négociés, les interactions directes. C'en est fini de la tendance à la centralisation du contrôle et du commandement dans des organisations toujours plus vastes qui semblait constituer la loi d'airain des sociétés industrielles. Loin des embrigadements anonymes de l'ère des masses, la logique de l'artifice pousse désormais à la dispersion et à l'affirmation des identités, à l'échelle des personnes comme des organisations ; elle tend partout à démultiplier là où l'on cherchait à concentrer ; elle substitue des réseaux à l'horizontale aux anciennes hiérarchies verticales ; elle ouvre par principe le jeu au renouvellement des partenaires et des initiatives, rendant ainsi sa résultante imprévisible, là où il s'agissait de le fermer pour en réduire l'incertitude et en planifier le cours. Jamais le modèle d'une société civile autonome et auto-régulée n'avait disposé d'une telle matérialisation opérationnelle.

Je ne veux pas suggérer que la mutation technique suffit à expliquer la vague d'individualisation qui représente l'un des autres faits marquants de la période. Celle-ci est un produit de composition complexe, où confluent des apports de provenances diverses. Elle possède, d'abord, sa source et sa dynamique propres dans la longue durée ; mais cet enracinement dans les principes fondamentaux du droit ne rend pas compte, par sa généralité même, des visages sociaux concrets que la revendication des mêmes droits des individus a pu prendre à des moments différents de l'histoire. Pour comprendre comment leur expression a pu acquérir la prévalence à un moment donné, il faut aller chercher du côté de concours adjacents et d'amplificateurs occasionnels.

Nul doute à cet égard que l'État-providence a fonctionné comme un puissant agent de déliaison ; en sécurisant les individus, il les a dispensés de l'entretien des appartenances familiales ou communautaires qui constituaient auparavant d'indispensables protections. Le facteur technique n'a peut-être joué que comme un relais favorisant l'explosion au grand jour, à partir des années 1970, d'un phénomène qui fermentait sourdement depuis vingt ans dans le grand chaudron des bureaucraties redistributrices.

Mais à côté des surgissements, il n'est pas moins important de faire la part des effacements. À côté des poussées positives qui ont pu précipiter l'affirmation de l'individuel aux dépens des encadrements collectifs, il est indispensable d'interroger les disparitions ou les désaffections silencieuses qui ont affaibli l'attraction exercée par le collectif et renvoyé les individus à eux-mêmes. Nous retrouvons ici l'affaissement des espérances investies dans l'action politique ou, plus prosaïquement, de la confiance placée dans la puissance publique. Ce n'est pas qu'elles ont été submergées par l'assaut des uniques et l'attrait du privé. C'est qu'elles se sont écroulées de l'intérieur et qu'elles ont laissé la place à des uniques contraints et forcés de se découvrir uniques.

La recension n'a rien d'exhaustif ; elle s'en tient délibérément aux composantes les plus saillantes, avec pour seul dessein de faire ressortir le caractère hétéroclite, instable, contradictoire de la combinaison ou de l'agrégat d'ensemble. C'est cette géométrie irrégulière qu'il s'agit de reconstituer si l'on veut cerner avec un peu de précision les contours accidentés du formidable remodelage du paysage social que la déferlante individualiste a opéré sur un quart de siècle. Pas une institution qu'elle ait laissée intacte, de la famille aux Églises ; pas un segment des rapports sociaux qu'elle n'ait marqué d'une manière ou d'une autre de son empreinte, de la civilité à la citoyenneté, en passant par le crime, la mode, l'amour ou le travail. Aussi bien a-t-elle pénétré jusque dans les profondeurs des êtres, modifiant les troubles mentaux ou déplaçant les signes de l'inconscient. Elle n'a pas seulement fait sortir la vie des sociétés de l'âge des mobilisations et de la participation ; elle a entraîné une réorientation anthropologique, si ce n'est fait surgir une humanité inédite.

L'inflexion a son correspondant sur la scène politique. La période a vu l'entrée de la démocratie dans l'incontestable, chose assez remarquable si l'on songe que ce désarmement des oppositions a cheminé au milieu du marasme de l'économie et de changements brutaux bien faits pour susciter l'inquiétude et le rejet. 1929 avait donné le signal de l'exacerbation des totalitarismes et du grand refus de l'ordre bourgeois. La cassure de la croissance, à partir de 1973, aura coïncidé avec le tournant de la décomposition de l'esprit révolutionnaire et du ralliement aux formes et aux règles du régime représentatif. Mais en même temps qu'elle s'est définitivement ancrée dans les âmes et dans les mœurs, la démocratie s'est profondément transformée. Son appropriation est allée de pair avec la redéfinition de son esprit et de ses priorités.

L'accent fondamental s'est déplacé de l'exercice de la souveraineté des citoyens en corps vers la garantie des droits de l'individu. Le souci principal de l'après 1945 avait été d'assurer l'efficacité des gouvernements démocratiques, contre la funeste impuissance antérieure (ou actuelle, dans le cas français) des parlementarismes. La préoccupation centrale a de nouveau migré. On en est venu peu à peu à s'intéresser moins aux instruments du pouvoir des majorités qu'aux moyens de protéger les minorités. Davantage que des façons les plus directes et les plus sûres d'atteindre les buts définis par la volonté générale, on s'est mis à se tracasser des façons de contrôler la légalité, voire la légitimité constitutionnelle des décisions du législateur. La régularité des procédures en est venue à prendre le pas sur l'objet de la délibération ou de l'action publique. Nous avons glissé insensiblement dans une démocratie du droit et du juge. Depuis le départ chez les théoriciens, mais en pratique, surtout, depuis la fin du XIX^e siècle, à la faveur de l'entrée des masses en politique, le problème démocratique par excellence avait été celui de la participation des citoyens au pouvoir, voire de l'inclusion des citoyens dans le pouvoir, pour les plus radicaux. Problématique tendant à reléguer au second plan la question des protections libérales contre le pouvoir, même dans les pays de tradition libérale les plus attachés à leur respect de fait. Le second plan est passé au premier plan. Le problème prioritaire est devenu celui de la préservation des libertés personnelles dans leur extériorité vis-à-vis du pouvoir. Comment faire que la voix singulière de l'individu reste audible au-dehors du concert politique, à part des choix collectifs ? Comment maintenir la dissociation individuelle dans son irréductibilité ? Le versant libéral de la démocratie libérale a pris le pas sur son versant démocratique-participatif (ce qui n'entame aucunement l'existence de celui-ci en pratique). C'est à tel point vrai que le sens du mot a changé. Est pour nous attestation de « démocratie » tout ce qui peut être de nature à prévenir cette incorporation de l'individualité dans l'unité de la volonté collective où de grands esprits, jadis, avaient cru reconnaître le sommet de la politique selon l'égalité.

## PUBLIC ET PRIVÉ

La convergence des signes, de l'ordre économique à l'ordre politique, est saisissante. Elle fonde à penser avec quelque vraisemblance, à défaut du recul qui nous manque, que nous sommes en présence d'une transformation majeure des rapports entre la société et l'État. C'est dans ce cadre qu'il faut replacer la redéfinition en cours de la laïcité. Ce n'est qu'une fois comprise comme un élément de cette mutation d'ensemble qu'elle révèle toute sa portée de discontinuité. Elle y acquiert le relief d'un seuil : probablement sommes-nous entrés, à la faveur de ce basculement général du monde, dans une nouvelle phase de la longue histoire du couple religion/État. En retour, les transformations de la place et du rôle de la foi dans l'espace public éclairent toute une série d'aspects du changement en cours qui resteraient autrement mal intelligibles. Elles font apparaître le véritable enjeu historique de la métamorphose qui affecte l'univers démocratique.

À ne regarder que le problème laïc, et dans les termes stricts du droit public, en effet, on ne voit rien d'autre que le parachèvement libéral de la phase de séparation. L'empreinte des conflits du passé s'estompe. Les rivaux d'hier ont symétriquement révisé leurs prétentions à la baisse. L'Église catholique a fait le deuil de son ancienne hégémonie normative. L'État républicain a renoncé à se poser en alternative à la religion. La croyance ne se conçoit plus qu'inscrite dans un champ diversifié d'options. L'administration de la chose publique ne s'entend plus que déliée de quelque croyance que ce soit, en dehors de l'adhésion aux principes de droit qui la fondent. En un mot, l'État est devenu neutre pour de bon, en face d'une société civile assumant pour de bon son pluralisme auto-organisateur [1].

En réalité, l'aboutissement cache un recommencement. La perspective, dans sa vérité partielle, laisse échapper le principal. Elle ne permet pas de saisir la redéfinition des termes du rapport qui accompagne l'évolution du rapport. Il est exact que la dynamique présente ne fait, à beaucoup d'égards, que poursuivre en profondeur le travail de dissociation de la société civile et de l'État entamé depuis deux siècles. Il avait connu une accélération critique autour de 1900 ; il est en train d'en connaître une autre. Sauf que, dans l'opération, le processus acquiert une tout autre allure

1. C'est la pertinence et, à mon sens, la limite de l'interprétation proposée par Maurice BARBIER. Cf. *La Laïcité*, Paris, L'Harmattan, 1995.

en surface, s'il ne révèle des conséquences incompatibles avec ses manifestations antérieures. À mesure que la différence se creuse entre le pôle public et le pôle privé, leurs contenus respectifs se recomposent en même temps que leurs relations. C'est spécialement vrai s'agissant de l'esprit de la religion et de l'esprit de la politique dans leurs liens mutuels, à tel point que leurs modifications corrélatives constituent le test de cette refonte générale des rapports entre public et privé.

Rien d'étonnant à cela, puisqu'on a vu le rôle test que l'affrontement entre politique et religion avait semblablement rempli en son temps dans la conquête du partage entre société civile et État, le laboratoire français fournissant de ce point de vue le cas d'école. L'établissement de la division avait supposé le refoulement de l'ancienne croyance englobante dans l'espace privé, moyennant l'affirmation de la politique comme nouvel englobant, au nom de la valeur prééminente de l'autonomie. Formule dont on ne saurait trop souligner la tension interne qu'elle impliquait, tension qui explique sa précarité dans le temps : la liberté de la sphère civile est établie au travers de la sphère étatique. C'est précisément cette supériorité qui est aujourd'hui remise en question, par la poursuite même du mouvement dont elle a été l'indispensable instrument à un moment donné.

Nous sommes à un autre moment, et le fait critique de notre moment est qu'en allant au bout d'elle-même la différenciation de la sphère politique et de la sphère civile défait leur hiérarchisation. Le pilier intellectuel qui soutenait cette élévation de la chose voulue en commun s'est affaissé, en même temps que s'abaissait le niveau de l'obstacle qu'il s'agissait d'enjamber. Le problème n'est plus d'englober une Église qui n'a plus les moyens de se vouloir englobante. Il s'ensuit d'un côté un changement fondamental du sens de la politique. Il en résulte de l'autre côté un changement non moins fondamental du statut public de la croyance privée, changement qui n'est que la manifestation la plus saillante d'une métamorphose du mode d'être légitime des composantes de la société civile dans leur ensemble.

L'observatoire français fournit, à nouveau, un cadre privilégié pour l'analyse de ce redéploiement. L'ampleur de la conversion y est maximale et la force des résistances sans égale. Nulle part la révision des missions de l'État en train de cheminer partout n'est plus déchirante, à la mesure du parfait amalgame qui s'était opéré entre l'ancienne version, républicaine et morale, de la prééminence étatique, et la nouvelle version, utilitaire et technocratique, de l'après-guerre, plaçant l'accent sur le rôle d'entraînement modernisateur de la puissance publique. Nulle part on ne discerne mieux par contraste, même si leur concrétisation est moins avancée qu'ailleurs, ce que vont vouloir dire la sphère publique sans transcendance et la sphère privée sans discrétion avec lesquelles nous allons devoir apprendre à vivre. La neutralité démocratique apparaît bel et bien, sous cet angle, comme porteuse d'une troisième époque du principe de laïcité.

# Le sacre
# de la société civile

Il faut en revenir toujours, pour vraiment comprendre les recompositions actuelles, à cette relativisation conjointe des figures de l'autonomie et de l'hétéronomie qui constitue l'événement spirituel et intellectuel de notre temps. Non qu'il s'agisse d'en faire le moteur des transformations en cours. Elle n'en est que le foyer de sens, le point à partir duquel il devient possible de les déchiffrer dans leur cohérence et leur enjeu global. Au cœur de la métamorphose du monde démocratique, il y a la reconsidération de lui-même que lui impose la disparition de son contraire. Ce qui remodèle le visage de l'autogouvernement de la communauté humaine, c'est le fait que l'hétéronomie a cessé d'avoir un sens politique tenable. L'incarnation de la dépendance envers l'au-delà dans une autorité d'ici-bas ne veut à peu près plus rien dire pour personne, y compris pour la conscience la plus pénétrée de sa dette envers le divin. Même au titre d'étendard des nostalgies, elle ne mobilise plus aucun ralliement. Parallèlement, du même coup, l'image de l'autonomie qui en procédait par renversement a perdu son ressort dynamique. Elle s'est trivialisée en triomphant. Elle n'est plus l'objectif d'une difficile et décisive ascension ; elle n'est rien que la donnée première, et terre à terre, de notre condition. De là une révision en règle de ce que signifie la liberté et des voies selon lesquelles la gouverner.

## LE SENS DE L'INDIVIDU

C'est de cette évaporation de l'autonomie en tant que but idéal qu'est faite, pour commencer, la neutralisation terminale de l'État. Neutre, l'État l'était dans la mesure où il constituait le point d'application d'une visée d'un autre ordre que celle offerte par les religions. Il achève de le devenir dans la mesure où la scène politique cesse d'être tenue pour un théâtre de l'ultime : on n'y verra pas se jouer l'accès de l'humanité à la pleine disposition rationnelle d'elle-même, que ce soit sous les traits extrêmes d'une communauté rassemblée dans le savoir de soi ou que ce soit sous la forme plus aimable, et plus accessible, d'une communauté simplement tendue vers l'accord conscient de ses membres sur la substance de ce qui les unit. De ce vide creusé au centre du collectif, il découle une redistribution radicale des rôles entre le public et le privé, entre les individus et l'État. Là réside le phénomène clé autour duquel l'entente de la démocratie pivote. Les mots sont les mêmes, les principes n'ont pas varié, mais la grammaire est autre, et le message très différent [1]. Tout ce qui relève de l'explication ultime, de la prise de position sur le sens de l'aventure humaine se trouve renvoyé du côté des individus — le collectif ne représentant plus, comme il le représentait tout le temps où il

1. C'est cette troublante différence dans l'identité apparente que reconnaît et traduit à sa façon John RAWLS lorsqu'il écrit : « Je ne connais aucun écrivain libéral d'une génération antérieure qui aurait clairement exposé la doctrine du libéralisme politique. Et pourtant cette doctrine n'est pas nouvelle... » (Cf. Jürgen HABERMAS et John RAWLS, *Débat sur la justice politique*, Paris, Éd. du Cerf, 1997, p. 51.)

était supposé ouvrir la porte de l'autonomie, un enjeu métaphysique suffisant en lui-même. Le dévouement sans état d'âme à la chose publique pouvait tenir lieu de justification de l'existence ou de réponse à la question des fins dernières. Il s'est dépouillé de ce prestige. Rien des raisons suprêmes ne se détermine au niveau commun ; celui-ci ne contient pas en soi et par soi de solution au problème de la destinée. Seules des consciences singulières sont habilitées à se prononcer sur les matières de dernier ressort, y compris à propos de l'autonomie, y compris à propos du sens de l'existence en commun. Il n'y a que des versions individuelles de ce qui se joue ultimement dans la vie collective, celle-ci ne recelant pas de justification dernière d'elle-même susceptible d'en faire une fin en soi.

Nous tenons ici l'une des sources de l'individualisme de type nouveau que nous avons vu se répandre dans la dernière période, et la source qui explique l'un de ses aspects les plus déroutants. Nous étions habitués à l'idée d'un individualisme affirmatif, émancipatoire. L'individualisme que nous avons sous les yeux apparaît davantage subi que voulu, pour l'une de ses lignes de force au moins. L'éclairage confirme les doutes que l'observation suggère : l'individualisme de l'heure est un individualisme imposé ; il correspond bien plus à un report de charge dicté de l'extérieur qu'à un soudain et mystérieux redoublement de l'énergie intérieure des personnes. Il ne sort que modérément de la revendication d'indépendance des individus dans le domaine de la conviction religieuse, morale ou philosophique. Il procède d'abord du reflux des attentes logées dans le collectif et de la relégitimation structurelle du niveau individuel qui en a résulté. Une responsabilisation dont nombre de ses bénéficiaires se seraient volontiers passés.

Ce mouvement de relégitimation ne concerne pas que les individus en tant que responsables du sens. Il regarde également les religions, les morales, les philosophies constituées

— l'ensemble, en fait, des doctrines capables de répondre, à un titre ou un autre, à une question du bien commun que la politique ne parvient plus à pourvoir d'une solution intrinsèquement consistante. Il faut bien faire avec ce que l'on a. D'où la remobilisation des ressources disponibles par héritage au sein de la société civile. D'où la réhabilitation multiforme de registres de pensée et de types de discours que la grande ambition de la science de l'histoire ou des philosophies de l'émancipation avait été de dépasser, au moyen de l'élaboration d'une idée propre de l'existence en commun. Une réhabilitation d'autant plus pressante que l'effacement du primat de la politique fait par ailleurs resurgir de plus humbles questions : elles lui étaient auparavant subordonnées, elles retrouvent leur aiguillon indépendant. Tout le temps où il y allait d'une valeur suprême dans la chose publique, le problème des valeurs destinées à guider la conduite quotidienne de l'existence, ou bien ne se posait guère, ou bien pouvait être supposé soluble par voie d'inférence. Il renaît, en revanche, comme problème à résoudre pour lui-même, à l'échelle de chacun, dès lors qu'aucun impératif supérieur n'est plus là pour orienter les obligations de tous les jours. Un motif de plus pour se retourner vers le trésor des traditions et revisiter le passé.

La réappropriation, on le devine, ne va pas sans altération de ce qu'elle ressaisit. Religions et morales héritées sont convoquées dans un rôle bien défini, qui n'est pas nécessairement celui qu'elles ambitionneraient d'elles-mêmes et qui ne pourra manquer, à terme, de les changer. Le reprofilage est d'ores et déjà suffisamment avancé pour se laisser anatomiser, comme on verra. Il est demandé à ces croyances et adhésions de se faire pourvoyeuses de sens de la vie collective en demeurant de l'ordre de l'option individuelle, étant entendu que seules des interprétations privées des fins publiques sont concevables. Il suffit d'énoncer le point pour entrevoir qu'il implique d'importants déplacements de frontière entre public et privé. On va y revenir. Je me borne pour l'instant à le signaler pour ce qu'il permet d'apercevoir d'emblée quant au nouveau statut de la politique et de la sphère étatique. Il est beaucoup plus ambigu, discerne-t-on tout de suite, qu'une vue superficielle ne le ferait juger de loin. La sphère publique ne peut être faite, en son fond, que de ce qu'y mettent les individus : extrême neutralité qui pourrait faire conclure à son inconsistance. Mais ces individus sont forcément divisés sur ce qu'il convient d'y mettre : l'impératif de coexistence en acquiert un considérable relief, en même temps que la tâche consistant à élaborer et à garantir les conditions de possibilité de cette coexistence en reçoit une éminente dignité. Relief et dignité d'autant plus marqués que la même neutralité fait par ailleurs un devoir à la puissance publique d'assurer l'égale reconnaissance de la contribution de chacun au débat collectif. Le recul de la substance, autrement dit, pourrait bien recouvrir un élargissement potentiel de la fonction. Une vieille affaire dans l'histoire de nos États, qui n'a peut-être pas épuisé son lot de surprises.

J'insiste sur la thèse, en la reformulant sous un angle différent : ce n'est pas la découverte subite des vertus de la diversité qui a précipité le sacre de la société civile, c'est la disparition de l'alchimie qui était supposée se dérouler dans la société politique qui a porté au premier plan et fait apparaître en pleine lumière la société civile dans sa diversité — diversité diverse, si j'ose dire, individuelle, matérielle, intellectuelle, spirituelle. Celle-ci n'était aucunement ignorée ou réprimée ; elle était simplement ce qu'il s'agissait de dépasser, au profit de la construction d'une unité supérieure, idéalement destinée à faire se rejoindre la collectivité avec elle-même. Le problème était donc d'assurer le passage au mieux, grâce à une représentation en forme de transmutation. L'homme (privé) avait à revêtir les habits du citoyen ; il était requis des intérêts particuliers, pour se faire entendre, de se reformuler dans la langue de l'intérêt général ; quant aux communautés de conviction, il leur était demandé de se diviser entre la part d'elles-mêmes susceptible d'inscription publique et la part destinée à demeurer dans l'obscurité privative. Chacune des composantes du corps social, en d'autres termes, avait à travailler sur elle-même pour se définir et s'organiser en vue de sa projection sur une scène dotée de ses règles spécifiques. C'est ainsi que la phase décisive d'autonomisation et de pluralisation de la société civile des parages de 1900 s'était déroulée sous le signe de la construction des médiations capables d'insérer les forces de la sorte libérées dans l'espace politique. Cela qu'il s'agisse de pourvoir le citoyen, par l'instruction et par l'information, des moyens de se délivrer de son enfermement dans le singulier, qu'il s'agisse de doter les professions, les groupes et les classes des instruments de leur participation efficace au concert global des intérêts sociaux, ou bien encore qu'il s'agisse, avec les partis, de canaliser de manière lisible et régulière l'intervention des grandes forces collectives dans la vie démocratique. Le surmoi qui justifiait ces médiations s'est dissipé comme un mirage ; elles en sortent très affaiblies, délégitimées en profondeur, même si l'inertie des usages acquis leur conserve un semblant de fonctionnalité au milieu du paysage social. C'est ce désencadrement de la société civile qui précipite sa dissociation définitive d'avec l'État, telle que nous la voyons s'accomplir sous nos yeux.

Pour la première fois, à la faveur de cette déliaison, la société civile se donne à appréhender complètement en dehors de la politique, dans la bigarrure et dans l'immédiateté de ses composantes. Plus de conversion dans un langage supérieur à opérer : les données du champ social sont à prendre telles quelles. Pas de réduction de leur multiplicité à mener en fonction des choix suprêmes de la collectivité : les différences qui les séparent sont non seulement irréductibles, mais elles représentent une valeur en soi. Il ne s'agit en un sens que d'un changement d'optique, à ceci près qu'il a de grandes conséquences pratiques. Chose normale, quand le renouvellement du regard affecte des données dont la substance est faite pour une bonne part des représentations que l'on a d'elles. Il induit, en l'occurrence, des effets en chaîne dans l'étendue entière du jeu social. Il agit successivement sur les éléments ou les partenaires du jeu, sur leurs relations entre eux (société civile) et sur leurs relations avec l'État. La modification de la lumière jetée de l'extérieur sur le statut des individus et des groupes les appelle à se redéfinir par l'intérieur. Cette redéfinition entraîne à son tour à repenser les modalités de leur coexistence. Elle oblige enfin à reconsidérer la nature et les voies du rapport de représentation entre les composantes de cette sphère civile radicalement autonomisée et la sphère politique.

## LE JEU DES DROITS

Partons du plus éclatant des signes du nouvel ordre : le passage au premier plan des *droits privés des individus* — car c'est en ces termes précis qu'il faut retraduire l'expression « droits de l'homme », si l'on veut saisir l'exacte portée de la réactivation actuelle du thème. Ce n'est pas de n'importe quels droits de l'homme qu'il est question, mais d'une version très exactement définie, qui consiste à exploiter l'inhérence des droits à la personne contre l'appartenance du citoyen, au lieu d'étayer l'une par l'autre, comme dans la version républicaine d'origine. Et ce n'est pas de théorie qu'il s'agit, mais de fonctionnement social effectif, tel que les acteurs l'infléchissent par la compréhension intuitive qu'ils ont de ses bases de droit, compréhension qui n'a nul besoin d'être articulée dans l'abstrait pour être ferme dans ses suites concrètes.

Nous sommes ici sur le terrain d'une histoire qui reste à écrire, l'histoire de l'entrée dans le réel de nos sociétés des théories du droit naturel. Élaborées au XVIIe et au XVIIIe siècle très loin des sociétés réellement existantes, elles ont connu l'étonnant destin de se matérialiser peu à peu dans la trame de nos vies. Leur premier contact avec un corps politique effectif, dans la Révolution française, est à ce point destructeur et immaîtrisable qu'il semble devoir dénoncer pour jamais leur irréalité foncière. Un siècle de pensée selon l'histoire achève apparemment de mettre leur abstraction sur la touche. Et pourtant, on les voit resurgir, à la fin du XIXe siècle, fortes d'une neuve exigence de concrétisation. Le retour en force de la critique sociale et des philosophies de la vie ou de l'histoire va les éclipser de nouveau durant la plus grande partie de notre siècle, à l'âge des totalitarismes. Elles n'en réapparaissent pas moins au déclin de ce dernier, pourvues de plus de consistance concrète qu'elles n'en avaient jamais eue. On eût pu croire qu'en se rapprochant de la réalité elles se seraient de plus en plus éloignées de leurs expressions littérales, au profit de leur inspiration générale. Pas du tout. Ce peut être l'inverse. Le progrès dans l'incarnation peut valoir retour du modèle initial dans sa rigueur, même si c'est sous des jours inattendus. C'est ainsi que l'on pourrait décrire la configuration qui s'installe comme la concrétisation de la fiction de l'état de nature sur laquelle la philosophie de la citoyenneté s'était appuyée pour fonder ses prétentions — concrétisation qui renverse l'idée de la politique qu'elle entendait promouvoir.

Le problème, pour le prendre à sa maturité, disons tel qu'il se formule après Rousseau, était de justifier l'appropriation collective de la souveraineté. Chacun connaît la solution : cette souveraineté ne peut procéder que de l'union contractuelle d'êtres primitivement indépendants (et donc également libres) ; une telle union ne peut avoir pour but que le maintien et l'exercice de cette égale liberté dans l'élément de la souveraineté. Il résulte de ce détour par la fiction logique d'une décomposition-recomposition du collectif une image de la participation politique érigeant la citoyenneté en moment de vérité de l'individualité. C'est dans l'instant où il participe à la définition du collectif que l'individu est le plus lui-même, qu'il retrouve sa condition d'origine. Nulle part il n'éprouve mieux ses droits d'homme que dans leur expression civique. Sa particularité prend tout son relief à ses propres yeux lorsqu'elle compte dans la volonté générale. Loin qu'il y ait contradiction entre les deux, l'appartenance et l'indépendance se vérifient l'une par l'autre. L'homme est pleinement homme dans le citoyen.

Ce n'est pas qu'on soit passé tout uniment de l'harmonie au divorce. Il n'y a pas d'opposition vécue entre les deux registres, mais cohabitation hautement paradoxale de la déliaison des êtres et de leur socialisation. Comme si l'état de nature et l'état de société des philosophes du contrat, l'état d'indépendance originelle des individus et l'état d'union contractuelle étaient devenus l'un et l'autre en même temps des données de fait.

Irrésistible entrée des principes de la démocratie dans les mœurs et réduction des ambitions de la démocratie : les deux phénomènes combinent ici leurs effets pour produire une version inédite du régime de la liberté. L'appartenance, anciennement comprise comme antécédence à la fois naturelle et religieuse du lien social sur les éléments liés, était contraignante par nature. D'où la nécessité, pour la rendre compatible avec la liberté, davantage, pour lui faire porter le poids de l'autonomie humaine, de la concevoir comme artifice, de la rapporter à l'œuvre convergente des volontés. Plus besoin désormais d'artifice ni de volonté. L'appartenance est redevenue naturelle tout en restant artificielle, pourrait-on dire — entendons : tout en conservant les propriétés qu'elle devait à son imputation à l'artifice. Bien que donnée préalablement à toute intention de la faire exister, elle est supposée n'avoir d'autre consistance que celle qui naît du tissage des libertés. Le lien social a beau être antérieur aux individus, c'est comme s'il était créé par eux. Et, à l'intérieur de cette libre appartenance, s'épanouit l'indépendance d'individus liés sans cesser d'être déliés. Ils ne se conçoivent qu'inscrits dans le collectif, mais ils entendent y compter comme s'ils arrivaient du dehors et comme s'ils avaient à y faire valoir leurs droits personnels dans leur intégrité native — comme si l'après et l'avant du contrat se superposaient.

Les individus, en d'autres termes, entendent faire un usage public de leurs droits privés, ceux-ci étant posés en extériorité complète par rapport à la scène politique, tout en étant supposés peser sur elle dans leur complétude originelle. Une dépolitisation en profondeur pourra ainsi faire bon ménage avec la radicalité revendicative, sur fond de méfiance extrême à l'égard de toute délégation globalisante. L'exorbitant de la demande comporte un implicite qu'il est important d'identifier, car il conditionne les évolutions futures. Il suppose, derrière la défiance affichée, une impressionnante confiance dans les capacités de l'instance chargée d'assurer la compossibilité et l'intégration de ces différentes demandes, légitimées chacune par leur irréductibilité singulière. C'est sur ce chapitre que se joue la différence décisive avec la figure classique de la citoyenneté. Celle-ci reposait sur la conjonction du général et du particulier, chaque citoyen étant requis de s'approprier le point de vue de l'ensemble depuis son propre point de vue. Dans la nouvelle configuration qui se dessine, c'est la disjonction qui prévaut, chacun ayant à faire valoir sa particularité auprès d'une instance du général dont il ne lui est demandé à aucun moment d'épouser le point de vue. Aux titulaires de la charge de se débrouiller. La démocratie de l'individu et de ses droits a l'oligarchie pour corrélat inavoué. Elle s'en remet au pouvoir qu'elle récuse ou qu'elle se targue de limiter. C'est la contradiction sur laquelle se décidera son avenir.

## UNE SOCIÉTÉ DE MARCHÉ

L'analyse vaut pour les intérêts spontanés ou organisés à l'œuvre au sein de la société civile. Leur réhabilitation accompagne fort logiquement la promotion des droits personnels : le titulaire de droits est aussi, considéré par un autre côté, un porteur d'intérêts. Les trajectoires sont parallèles. Les intérêts avaient à se légitimer en se présentant comme les composantes d'un intérêt d'ensemble. Ils sont désormais tenus pour légitimes en eux-mêmes, dans leur nudité solitaire. Ils sont reconnus libres de jouer sans avoir à répondre par avance de leur contribution au bien global. Ils bénéficient de la même irréductibilité de principe que la liberté et l'égalité « naturelles ». Ils doivent pouvoir aller chacun au bout d'eux-mêmes, sans autre borne que le respect des règles assurant leur coexistence pacifique et leur compétition loyale avec d'autres. Tout ce que l'autorité sociale est fondée à faire, c'est de veiller à la définition et à l'observation de ces règles, en aucun cas de se mêler de régenter *a priori* la part des uns et des autres au nom d'un intérêt supérieur dont elle détiendrait les clés — l'intérêt général ne pouvant être conçu autrement que comme la résultante *a posteriori* du libre concours des intérêts particuliers.

Nous retrouvons par un autre biais les raisons de la reviviscence de l'idée de marché. Un biais dont le mérite est d'éclairer les motifs de l'extension qu'acquiert l'idée dans ce nouvel emploi. Elle a fort peu à voir, sous cet aspect, en fait, avec des considérations d'efficacité économique. Elle est le fruit d'une reconsidération du statut politique de l'acteur, et c'est pour ce motif qu'elle fonctionne comme un modèle général des rapports sociaux. Ce n'est pas du marché comme institution de l'économie à l'intérieur de la société qu'il est question, en la circonstance, mais véritablement d'une société de marché. Comment se représenter la forme des relations susceptibles de s'établir entre des agents tous indépendants les uns des autres et tous fondés à poursuivre à leur guise la maximisation de leurs avantages, en l'absence d'une composition impérative au nom de l'intérêt de tous ? Tel est le problème posé, problème auquel seule la figure d'un processus d'ajustement automatique est capable de répondre. Certes, nous sommes ici dans la stratosphère de la pure logique de l'idée. Mais c'est bien à tort qu'on la négligerait, car elle comporte de puissantes retombées en termes d'attentes et de conduites. Cette logique est aussi ancienne que l'idée de marché, objectera-t-on encore. Pourquoi lui attribuer des effets nouveaux ? Parce qu'elle remplit une fonction qu'elle n'avait pas. Parce qu'elle acquiert un ancrage inédit en venant répondre au besoin des individus de se donner une image plausible dans la situation inédite qui leur est faite. À la faveur de cette greffe sur la condition de l'acteur ordinaire, la vieille idée devient ce qu'elle était potentiellement, peut-être, depuis toujours, mais n'avait jamais été en pratique : un modèle, bien au-delà de l'économie, pour l'ensemble des actions dans l'ensemble des secteurs de la vie sociale. Cette intronisation représente beaucoup plus qu'un phénomène intellectuel [1]. C'est à une

1. Mais le phénomène intellectuel est à lui seul déjà fort remarquable. Je ne vois pas de meilleur signe de cette pénétration de l'idée de marché dans une acception généralisée que sa reprise par les pires ennemis de l'idée de marché dans l'ordre économique, au titre de la régulation des mouvements de population. Les mêmes qui continuent de vilipender l'anarchie capitaliste et les horreurs de l'« ultra-libéralisme » en sont aujourd'hui à plaider par ailleurs que la totale ouverture des frontières et la libéralisation des flux migratoires ne manqueraient pas de déboucher à terme sur un état d'équilibre. Les bonnes causes ont de ces ruses.

véritable intériorisation du modèle du marché que nous sommes en train d'assister — un événement aux conséquences anthropologiques incalculables, que l'on commence à peine à entrevoir. Du marché sexuel au marché politique, cette appropriation inconsciente a d'ores et déjà infléchi une large palette de comportements, mais elle travaille plus profond. C'est la constitution intime des personnes qu'elle contribue à remodeler. Du devoir de désintéressement qui définissait l'homme public (en prenant la notion dans sa rigueur : l'homme pour le public, l'homme tel qu'il doit se comporter dans l'espace public), à l'injonction tacite de s'aligner sur son intérêt propre, le pas est immense, et les suites promettent d'être lourdes.

On pourrait poursuivre l'analyse des développements consécutifs à ce que j'ai proposé d'appeler le désencadrement politique de la société civile. Ils vont globalement dans le même sens : la déliaison des éléments induit aux différents niveaux une recomposition de leur mode de coexistence sous le signe idéal de l'auto-régulation. C'est typiquement dans cette ligne, par exemple, qu'il faut situer l'élargissement continu du domaine de la régulation juridique aux dépens du domaine de la volonté politique. Il correspond à une réorientation du système de droit privilégiant la fonction arbitrale du juge par rapport à l'intervention transformatrice du législateur. Il est porté par l'utopie antipolitique d'un mode de règlement direct des litiges entre les personnes qui se substituerait avantageusement à la réforme d'ensemble du collectif qui les englobe. C'est dans le même esprit que la jurisprudence tend à prendre le pas sur la règle générale édictée d'en haut. Le modèle inspirateur sous-jacent est celui d'un processus d'élaboration des normes par la collectivité elle-même, agissant en la personne d'un juge-représentant, à l'épreuve de ses besoins révélés par le cas et en présence des parties intéressées. Un modèle que porte à l'expression ouverte l'institution d'autorités indépendantes chargées de la régulation d'un domaine d'activité spécifique, de l'audiovisuel aux opérations boursières. Le droit est toujours à deux faces, diversement éclairées selon les époques. La répartition de l'ombre et de la lumière change. On y voyait surtout la manifestation de l'autorité de l'État ; on se met à y discerner l'instrument de la société civile dans ses aspirations à l'autosuffisance.

# L'âge des identités

C'est dans le cadre de ces transformations de la société civile, de son mode de composition, de sa dynamique, qu'il faut comprendre les transformations de la croyance, transformations qui regardent à la fois sa nature et sa place, ses modalités privées et son statut public. Les deux aspects confluent et se condensent dans un même terme devenu l'un des maîtres mots du nouvel idiome démocratique : la croyance, les croyances se muent en *identités*, ce qui signifie simultanément une autre manière de les habiter intérieurement et une autre manière de les revendiquer extérieurement.

## L'INTÉRIEUR ET L'EXTÉRIEUR

La condition de l'acteur ne change pas que par le dehors, elle change aussi par le dedans. En même temps que l'individu se voit redéfinir socialement, que ce soit au titre de ses droits ou que ce soit au titre de ses intérêts, les termes de son rapport à lui-même se trouvent essentiellement modifiés. Son appréhension intime de ce qui le constitue se déplace du tout au tout. Phénomène d'énorme portée qui remet en question, ni plus ni moins, l'idée de la subjectivité associée à la figure du citoyen depuis le XVIIIe siècle. Qu'est-ce qu'être soi ? En réalité, ce que nous logeons aujourd'hui à l'enseigne des « identités » représente l'exact opposé de ce qu'on tenait hier pour le principe de l'identité personnelle.

On était soi, ou plutôt on devenait soi dans la mesure où l'on parvenait à se dégager de ses particularités, à rejoindre l'universel en soi. Une tâche dont l'exercice de la citoyenneté, conçu comme participation à l'universalité de la chose publique, fournissait le parfait modèle, à côté du choix moral dans l'ordre individuel, autre expression exemplaire de la faculté d'autonomie de la personne, de son pouvoir d'agir, à son échelle singulière, au nom d'une règle valable pour tous et dans tous les cas. Le vrai moi est celui que l'on conquiert en soi contre les appartenances qui vous particularisent, contre les données contingentes qui vous assignent à un lieu et à un milieu. C'est en m'éloignant de l'immédiat de moi-même pour m'élever au point de vue de ce qui vaut en général ou universellement que je deviens véritablement moi, en relativisant les déterminations extrinsèques qui me constituent à la base, mais dont je puis me libérer. Individualité, subjectivité, humanité se gagnent ensemble, du dedans, par la liberté vis-à-vis de ce qui vous détermine [1].

Les « identités » nouvelle manière nous font basculer aux antipodes de cette identité-là. Le point d'appui politique du décentrement s'évanouit avec l'exigence d'épouser le point

1. On discerne au passage comment l'analyse de l'inconscient aura été l'ultime figure de cet effort instituant pour se décentrer, pour se conquérir en se délivrant de soi-même. Ce n'est pas seulement du dehors que vous êtes déterminé, mais du plus profond et du plus lointain de vous-mêmes. Vous êtes contraint par les empreintes de votre propre passé. Mais vous pouvez en prendre conscience et vous en libérer. La perspective reste celle de l'appropriation de soi à opérer contre soi, au moyen de la liberté vis-à-vis de soi.

de vue de l'ensemble. Il ne vous est plus demandé, pour être citoyen, que d'« être vous-même ». Mais ce que veut dire « être soi-même » s'en trouve changé. On voit s'affirmer un nouveau rapport des individus à ce qui relève du *donné* dans leur condition, à ce qu'ils ont *reçu* en partage avec l'existence, qu'il s'agisse de la communauté dont ils font partie, de la tradition où ils s'insèrent ou de l'orientation sexuelle qui les singularise. Un nouveau rapport intime, mais qui ne se négocie pas pour autant purement entre eux-mêmes et eux-mêmes : il est aussi fonction des exigences de la relation avec autrui et des nécessités de l'inscription dans un espace public lui-même redéfini. Le changement est triple, et il est indispensable de tenir ensemble les trois scènes sur lesquelles il se déroule simultanément : il est intra-personnel, inter-personnel (ou relationnel) et civique.

Pour résumer le déplacement d'une formule : vous avez à rejoindre intérieurement ce qu'il vous est donné d'être extérieurement. Appartenances et même inhérences deviennent constitutives de l'identité personnelle dans la mesure où elles se subjectivisent. Le vrai moi est celui qui émerge de l'appropriation subjective de l'objectivité sociale. Je suis ce que je crois ou je suis ce que je suis né — mon je le plus authentique est celui que j'éprouve en tant que Basque, ou bien en tant que juif, ou bien en tant qu'ouvrier. Si vous avez à vous reconnaître de la sorte dans les particularités qui vous définissent, c'est afin de vous y faire reconnaître. Elles sont ce qui vous permet d'entrer en relation avec les autres, ce qui vous identifie à leurs yeux et vous fournit à vous-même les repères pour vous situer vis-à-vis d'eux — elles étaient ce qu'il convenait de mettre de côté pour nouer un dialogue ; elles deviennent ce sur la base de quoi l'échange s'établit. Davantage encore, ces différences subjectivement et intersubjectivement habitées sont ce qui vous permet d'entrer dans l'espace public et d'y tenir votre place. Celui-ci, en effet, n'a plus à imposer sa consistance abstraite au nom des finalités générales dont il serait tenu pour le temple exclusif ; il ne peut plus être fait, en droit, que de la publicisation des singularités privées ; pour y compter, il faut avoir une spécificité à y faire valoir.

Rien à voir avec les appartenances communautaires d'autrefois, ou l'ancien assujettissement à la tradition. L'inclusion dans un ordre collectif posé comme radicalement antérieur et supérieur avait pour effet de vous constituer, certes, mais en vous épargnant d'avoir à vous choisir, et plus profondément encore, même, d'avoir à vous situer comme un *vous* singulier par rapport à ce qui vous fait être ce que vous êtes. Elle était foncièrement impersonnifiante. Nous ne faisons, nous autres, que répéter ce que nos ancêtres nous ont appris ; et nous sommes d'autant plus fidèles à ces usages qui ne sont pas de nous que nous les accomplissons comme s'ils nous traversaient, sans que nous y mêlions quoi que ce soit de nous-mêmes. Un ordre réellement coutumier, un ordre vécu comme intégralement reçu, est un ordre a-subjectif du point de vue de l'identité de ceux qui l'habitent et qui le mettent en œuvre. Ici, c'est rigoureusement le contraire : l'appropriation des caractéristiques collectives reçues est le vecteur d'une singularisation personnelle. L'appartenance est subjectivante parce qu'elle est revendiquée, et elle est cultivée pour la subjectivation qu'elle produit.

On voit tout de suite les tensions et l'instabilité qui vont en résulter. Le nouveau cosmos social des identités et son organisation par la différence sont traversés par la contradiction. L'objectivité des caractéristiques collectives et la subjectivité des adhésions individuelles s'y alimentent l'une l'autre tout en s'y opposant. Les appartenances possibles sont multiples et hétérogènes — ce n'est pas la même chose de se définir comme homosexuel, comme Breton ou comme protestant. Elles appellent des choix et des hiérarchisations de la part des acteurs, des choix qui ne peuvent jamais être exclusifs et des hiérarchisations qui sont toujours révocables — on peut se vouloir successivement protestant, puis breton, puis homosexuel, sans complètement renoncer aux autres identifications dans chacun de ces moments. Dans tous les cas, ces rattachements choisis ne représentent jamais un englobement unique et contraignant. Il est de leur essence de s'inscrire dans un espace pluraliste. Les appartenances identitaires, telles que nous les pratiquons, sont foncièrement liées au principe de minorité, même quand elles regardent des majorités de fait, comme dans le cas de l'identité féminine. Elles sont un instrument de dissociation par rapport à la société globale, le moyen de créer une sphère où l'appartenance sociale est vécue de manière intensément personnelle, à l'intérieur de la sphère plus vaste de l'appartenance obligatoire. En quoi elles sont, en tout cas dans nos contrées, un produit de la sophistication démocratique, travaillant éventuellement par recyclage de matériaux anciens, et non une résurgence brute de données archaïques [1]. C'est

1. La meilleure preuve en est que cette « diversité » nouvelle qu'on voit s'affirmer à partir des années 1970 se déploie sur fond d'une homogénéisation de nos sociétés sans précédent. C'est le moment où s'achèvent des mouvements venus de loin qui effacent les plus lourdes différences statutaires. Fin de la paysannerie, disparition de la domesticité, résorption de la séparation ouvrière. Masculin et féminin cessent de former des sphères séparées. Les modes de vie se rapprochent, *via* l'urbanisation, la consommation, la médiatisation. Dans un pays comme la France, la division cruciale entre catholiques et laïcs cesse d'être structurante. On assiste parallèlement, avec l'affaissement de l'espérance révolutionnaire, à la disparition des fractures et sécessions politiques qui avaient marqué le premier XXe siècle. Après le fascisme, le communisme est à son tour évacué de la scène en tant que levier d'une autre société... C'est désormais à l'intérieur des principes de la démocratie, qui font l'objet d'un ralliement général, que va s'inscrire le débat public.

Le nouveau culte de la différence surgit du milieu et en fonction de cette « unification morale » qui eût fait rêver les républicains d'un siècle plus tôt. Il convient, par conséquent, d'en relativiser les proportions. La « société fragmentée », où les gens ont du mal à forger des projets communs et à s'identifier à la collectivité publique en tant que commudire qu'avant de se faire peur avec l'épouvantail des communautés renaissantes, il faut prendre garde au ferment subjectiviste qui les travaille et qui ronge de l'intérieur leurs prétentions traditionalisantes, quand elles en ont.

## DE LA TOLÉRANCE AU PLURALISME

Les communautés de croyance offrent l'illustration la plus claire qui soit de ces déplacements, tant pour ce qui concerne le rapport de l'acteur à ses appartenances que pour ce qui concerne le destin de ces appartenances dans l'espace public. La croyance était l'option d'une liberté — elle l'était devenue, et de plus en plus, à mesure que la légitimité de l'individu s'était affirmée aux dépens de la religiosité communautaire et traditionnelle à l'ancienne mode, à mesure aussi que les progrès de l'incroyance ou de l'anti-religion avaient prêté corps, en face, à la possibilité de ne pas croire. D'où ce paradoxe, d'ailleurs, qu'en se pénétrant à son insu des valeurs individualistes de la modernité, la foi tend à se faire plus intransigeante et plus impérialiste que lorsqu'elle était « la foi de nos pères » et ce que tout le monde croit [1]. Elle n'a de sens, en effet, dans cette phase où elle cesse d'être coutumière pour devenir obligatoirement le choix d'une personne, qu'à prétendre s'imposer dans l'universel comme vérité unique et exclusive. Elle suppose l'extériorité du croyant à l'objet de son adhésion (extériorité qui en fait, précisément, une adhésion), en même temps que l'ambition prosélyte et combattante d'y rallier les autres,

---

nauté, pour parler comme Charles Taylor, est par ailleurs une société où les esprits sont incomparablement proches à un niveau plus profond, et ceci n'est certainement pas sans rapport avec cela.

1. C'est l'un des facteurs non négligeables, me semble-t-il, du raidissement catholique au XIXe siècle, comme c'est l'un des ressorts à l'œuvre dans divers « fondamentalismes » d'aujourd'hui.

voire d'y soumettre le monde. Je durcis le trait, sans trahir, je crois, la logique de la position, et cela afin de faire ressortir l'ampleur du revirement. Le pluralisme est passé par là, et l'on entrevoit la révolution mentale qu'il a signifié — la révolution mentale du XXe siècle, une révolution qui n'a pas concerné que la foi, mais le régime de la conviction en général. Je n'entends pas par pluralisme la simple résignation à l'existence de fait de gens qui ne pensent pas comme vous ; j'entends l'intégration par le croyant du fait de l'existence légitime d'autres croyances dans son rapport à sa propre croyance. Pour le dire en termes plus directs, le pluralisme comme donnée et comme règle de la société est une chose ; le pluralisme dans la tête des croyants en est une autre. Le pluralisme principiel des confessions dans l'espace américain, pour prendre l'exemple extrême, a pu s'accommoder pendant longtemps de formes d'adhésion spécialement rigoristes à l'intérieur des différentes confessions. Chacun admet la liberté de l'autre, mais n'en maintient pas moins pour son compte un style de conviction excluant la considération que d'autres convictions sont possibles. C'est toute la différence entre la tolérance comme principe politique et le pluralisme comme principe intellectuel. Cette relativisation intime de la croyance est le produit caractéristique de notre siècle, le fruit de la pénétration de l'esprit démocratique à l'intérieur même de l'esprit de foi. La métamorphose des convictions en identités religieuses en constitue l'aboutissement.

Un aboutissement qui marque un pas supplémentaire. Car dans « pluralisme », en dépit du décentrement imposé par la prise en compte de l'existence d'options différentes, il continue d'y aller d'un choix de croire effectué dans l'universel, en fonction de la validité intrinsèque reconnue à l'objet de la croyance, que celle-ci procède du don surnaturel d'une Révélation ou qu'elle se veuille fondée en raison. Ce qui continue de compter, c'est la portée objectivement universelle de ce que l'on croit dans une adhésion qui mobilise subjectivement ce qu'il y a de plus universel en soi. La relativisation reste relative, si l'on ose dire, alors qu'elle se fait radicale lorsque la croyance en vient à se poser sous le signe de l'identité. La prétention à l'universalité est bannie d'entrée. Ce qui compte, c'est l'existence objective d'un donné, la présence d'un héritage, le fait d'une tradition parmi d'autres traditions — les dimensions de l'histoire et de la mémoire acquièrent ici un relief déterminant, à la mesure du retrait de l'universel. Une tradition en laquelle je puis subjectivement me connaître, un héritage que je puis m'approprier [1]. Choix, il y a, donc, et plus que jamais (en quoi nous sommes aux antipodes du fonctionnement des sociétés de tradition). Mais un choix dont je suis moi-même, en fait, l'objet : son enjeu n'est pas du côté de la vérité du message auquel je me rallie, mais du côté de la définition subjective qu'il me procure. La tradition vaut d'abord en tant qu'elle est mienne, en tant qu'elle me constitue dans mon identité singulière [2].

Est-il besoin d'insister sur la dose de « sécularisation » qu'implique cette redéfinition identitaire des religions, redéfinition qui tend à les aligner sur des « cultures » pour les enrôler dans le concert « multiculturel » de nos sociétés ? Ses allures peuvent tromper, à plus d'un titre. La réactivation des dimensions de filiation, d'appartenance, de communauté est de nature à donner l'impression d'une orthodoxie étroite et vétilleuse. Le souci de l'observance des rites, l'attachement à la redécouverte des usages, la mise en avant des signes qui départagent le dedans et le dehors du groupe,

1. Une lignée croyante où je puis m'inscrire, dirait Danièle Hervieu-Léger, qui éclaire de manière pénétrante ce déplacement mémoriel. Cf. *La Religion pour mémoire*, Paris, Éd. du Cerf, 1993.

2. Étant entendu qu'on s'identifie à quelque chose dont on peut être fier. Mais la *valorisation* historique de la tradition, au nom de sa grandeur éthique ou de la richesse de ses apports, n'a rien à voir avec la *validation* de sa vérité intemporelle.

« eux » et « nous », ne sont pas, quelquefois, sans évoquer, de l'extérieur, la rigidité et la fermeture de sectes d'un autre âge. Mais c'est là justement que l'apparence est un piège. L'accent est d'autant plus porté sur les formes extérieures ou sur les modes de vie que le noyau proprement transcendant de la croyance est plus affaibli. Ce n'est pas que l'implication personnelle soit absente, elle est forte au contraire — nous ne sommes pas devant un formalisme sans âme. Mais elle n'est pas prioritairement tournée vers l'au-delà. Son ressort primordial est l'identification de soi ici-bas.

Il faut bien voir enfin, trait qui achève de congédier le spectre des adhésions fanatiques du passé, que cette identification intra-communautaire est d'autant plus vigoureuse qu'elle est fonction du consentement tacite à la pluralité des communautés. Ma communauté m'est d'autant plus mienne que j'admets qu'elle n'a pas à être plus qu'une parmi d'autres. La métamorphose des croyances en identités est la rançon du pluralisme poussé jusqu'au bout, jusqu'au point où toute ambition universaliste et conquérante perd son sens, où aucun prosélytisme n'est plus possible. Cela explique l'étrange consistance, à la fois dure et molle, dont font montre ces identités. Elles sont intraitables sans être agressives. La croyance s'argumente et se discute. L'identité ne cherche pas à convaincre, en même temps qu'elle est imperméable à l'objection. Elle n'est pas animée de l'intérieur par une conviction qui vise à s'imposer. En revanche, elle est intransigeante, vis-à-vis de l'extérieur, sur le chapitre de la reconnaissance [1].

1. Je précise une fois pour toutes que je m'efforce de dégager la logique d'un type pur. En conséquence de quoi je m'intéresse par priorité aux identités constituées sur la base de traditions religieuses autochtones. Mais il est vrai que le phénomène affecte aussi les ressortissants de traditions d'implantation récente, la tradition musulmane au premier chef. Il faut dans leur cas compliquer l'analyse. On a affaire au croisement de deux processus distincts : l'identitarisation qui procède du

## LA POLITIQUE DE LA RECONNAISSANCE

C'est l'autre grand versant du phénomène, son versant public. Là encore, il est facile de se méprendre en concluant trop hâtivement au « repli communautaire ». La communauté de croyance ainsi comprise n'a pas vocation à vivre purement refermée sur elle-même. Il lui est consubstantiel de viser une inscription publique. La sécession identitaire est inséparable de la volonté de se faire reconnaître en tant que composante de plein droit de la communauté globale. La logique organisatrice, redisons-le une fois de plus, est celle du pluralisme radical. Chacun sait qu'il n'est, en sa particularité, qu'un élément d'un ensemble plus vaste, dont la diversité est irréductible. Il en tire le désir de s'affirmer dans sa singularité, mais tout autant de désir de se poser et d'être admis, explicitement et publiquement, comme une partie significative de l'ensemble. Les deux mouvements ne sauraient aller l'un sans l'autre. L'identification privée n'a de sens qu'en fonction de la projection publique qui la double. La nouveauté est que, au rebours de l'ancienne règle qui voulait qu'on se dépouille de ses particularités privées pour entrer dans l'espace public, c'est au titre de son identité privée qu'on entend compter dans l'espace public.

La logique s'applique aux identités en général, mais les identités religieuses la portent à son expression la plus lisible, de par le rôle spécifique que conservent ou que retrouvent les religions. Si, par un côté, on l'a vu, le phénomène d'« identitarisation » tend à ne retenir d'elles que leurs formes extérieures et à les diluer en « cultures », par l'autre

---

mouvement interne des démocraties occidentales, et la réactivation du religieux suscitée par l'occidentalisation au sein des autres cultures, dans un mouvement lui-même extraordinairement ambigu d'appropriation et de rejet. La pire des confusions est de partir de ces identités périphériques, au motif qu'elles sont les plus affirmées ou les plus effervescentes, pour en tirer l'essence du phénomène.

côté, la mutation fondamentale de la politique démocratique tend à leur réinsuffler une dignité et une utilité nouvelles, en fonction des besoins mêmes de la sphère publique, en tant que systèmes généraux de sens ou doctrines globales des fins. Soit précisément, on l'a vu aussi, ce que la politique est désormais dans l'impossibilité d'offrir par ses propres moyens. Ce qu'elle est impuissante à fournir n'en demeure pas moins nécessaire ; aussi va-t-elle tendre à aller le chercher à l'extérieur d'elle-même. La collectivité a besoin de se représenter les buts et les raisons entre lesquels elle a le choix, et l'autorité a besoin de se légitimer par la référence aux valeurs susceptibles de donner sens à son action, même s'il lui est interdit de prétendre en incarner substantiellement aucune. C'est la gymnastique compliquée à laquelle sont condamnés les détenteurs du pouvoir dans les démocraties d'aujourd'hui. Il leur faut aller chercher l'alliance des autorités morales ou spirituelles en tous genres au sein de la société civile, les élever à leurs côtés, les introniser comme leurs interlocutrices d'élection, cela non seulement en gardant une stricte neutralité à leur égard, mais en marquant leur différence. Le politique est amené à légitimer le religieux, dans une acception large, en fonction de sa propre quête de légitimité, comme ce dont il ne saurait participer ou s'inspirer, mais qui n'en représente pas moins la mesure dernière de ses entreprises. La puissance publique, autrement dit, est naturellement portée à reconnaître ces identités soucieuses de se faire reconnaître. C'est cette conjonction d'intérêts que scelle la politique de la reconnaissance [1]. Une politique qui trouve sur le terrain religieux, en tout cas dans le contexte français, compte tenu des enjeux attachés par l'histoire aux rapports entre les deux puissances, son plus éminent théâtre d'application.

1. J'emprunte l'expression à Charles Taylor. Elle forme le titre anglais du volume traduit en français sous le titre *Multiculturalisme : différence et démocratie*, Paris, Aubier, 1994.

La société civile se « publicise », pourrait-on dire, tandis que l'État se « privatise ». Mais l'expression deviendrait fautive si elle devait suggérer quelque chose comme un brouillage des frontières ou une marche à l'indistinction. Ce double mouvement d'ouverture et de projection ne conduit aucunement à relativiser la différence des deux ordres. Il ne qualifie que la relation de représentation qui s'établit entre eux. C'est en elles-mêmes et pour ce qu'elles sont que les identités privées et les communautés de croyance entendent bénéficier de la reconnaissance publique. Il ne s'agit pas pour elles de sortir de l'entre-soi ou de l'entre-nous qu'elles définissent et de se changer en partis politiques, prétendant à la prise en charge de la collectivité dans son ensemble. Il s'agit de faire entendre sa singularité subjective comme telle dans le concert public et de s'y voir expressément admis comme voix qualifiée. C'est de la prise en compte de ce qu'on a de spécifique à faire valoir qu'il est question, et de rien d'autre. Une attitude qui a de grandes implications en termes de contenu pour le discours public de nos sociétés. Il ne s'agit pas de traduire des revendications spécifiques en langage politique, de les insérer dans la logique d'un programme, il s'agit de peser sur la politique au travers d'un langage délibérément non politique, invoquant l'exigence éthique ou l'appel de l'esprit. C'est ainsi que l'action publique se trouve de plus en plus confrontée au langage des fins qu'elle devrait poursuivre ou des valeurs supposées la guider. Il faut discerner derrière cette pression morale la légitimité nouvelle acquise par la conviction privée en tant que privée [1]. De la même façon, dans l'autre sens, si les

1. C'est la raison pour laquelle je ne crois pas qu'il suffise de parler de « dé-privatisation » des religions, comme le fait José CASANOVA, pour caractériser le nouveau rôle qu'elles ont acquis dans l'espace public au cours des années 1980, en particulier du point de vue de la réflexion collective sur les « structures normatives » de sociétés globalisées, marchandes et individualistes (il analyse cinq cas : le catholicisme espagnol, le catholicisme polonais, le catholicisme brésilien, l'évangélisme protes-

hommes publics encouragent ce mouvement, s'ils affectent de se montrer sensibles à ce discours des fins, s'ils s'associent volontiers à ses expressions, ce n'est aucunement pour le reprendre à leur compte et l'installer au pouvoir. Les choses sont autrement subtiles. Ils le légitiment en s'en démarquant. Ils ont à lui faire place parce que l'État ne saurait définir des fins par lui-même (et moins encore revendiquer des fins propres). Il n'est qu'un instrument au service de la société civile et c'est à celle-ci qu'il appartient de formuler les buts ultimes au nom desquels l'action publique doit se déployer. En même temps, il est exclu que les représentants de la société civile, une fois installés au pouvoir, endossent purement et simplement ce discours pluriel émané d'elle, ne serait-ce déjà que pour la simple raison qu'il est divers, justement, que les fins sont multiples et que la fonction du pouvoir est d'assurer leur coexistence, de veiller à ce qu'aucune ne s'impose au détriment des autres.

Reconnaître les identités dans leur bigarrure et les croyances dans leur diversité fournit ainsi aux détenteurs du pouvoir un moyen économique et sûr de marquer la différence de leur position. Plus il y a de pluralité légitime, plus ils sont ailleurs, plus il est clair aux yeux de tous qu'ils ont à faire autre chose d'un autre lieu, ce lieu où, précisément, le tout de cette société civile hétéroclite et discordante se projette et doit trouver son principe de compossibilité. Aussi n'est-il pas, dorénavant, de vertu plus volontiers affichée par nos gouvernants, quand ils ont l'intelligence de leur rôle, que la plus large tolérance. La démagogie de la diversité a de

---

tant et le catholicisme aux États-Unis). La notion saisit un déplacement essentiel, mais elle escamote la moitié du phénomène. Elle manque la tension paradoxale qui l'habite. Plutôt que d'une « dé-privatisation », c'est d'une *publicisation d'un privé* qu'il s'agit, où la croyance entend conserver sa liberté et sa singularité privée tout en jouant un rôle public. Cf. *Public Religions in the Modern World*, Chicago, University of Chicago Press, 1994.

beaux jours devant elle. Cette noble ouverture leur permet de signifier leur distance sans avoir à parler trop de ce qui constitue l'intime spécificité de leur tâche, à savoir l'impitoyable et prosaïque calcul des moyens par lesquels la sublimité des fins s'inscrit dans le réel. Il faut dire à leur décharge qu'ils ont affaire à des sociétés qui acceptent de moins en moins d'entendre parler de politique, obsédées qu'elles sont par ces valeurs et significations suprêmes qui procurent aux individus et aux groupes de quoi s'identifier, bien plus que par les instruments et les canaux capables de les concrétiser. L'impératif réaliste de la politique ne peut se faire entendre que par ruse, et sa ruse par excellence, c'est la révérence ostensible pour les idéalismes de toute obédience. Les admettre, c'est leur faire admettre qu'il existe un au-delà d'eux. Loin, donc, que la reconnaissance des croyances entraîne une indifférenciation de la sphère publique et de la sphère privée, elle instaure une transcendance discrète, mais solide, de l'ordre politique ; elle l'entretient de l'intérieur même de cette visibilité croissante conquise par la conviction privée au sein de l'espace public.

# Une révolution du croire

L'élément de nouveauté auquel il ne faut pas se lasser de revenir, si l'on veut saisir à la source la logique de ces développements, c'est la disparition de l'enjeu qui conférait à la scène politique une transcendance non pas secrète, celle-là, mais éclatante, impérieuse, indiscutable. Nourrie de l'affrontement avec le sacré, la démocratie en tirait une sorte de sacralité de contamination qui l'élevait sans conteste au-dessus des choses profanes ; tournée vers « la sortie de l'homme hors de l'état de minorité », elle était habitée par un sérieux fondamental qui en faisait une vocation, un ministère, un objet de dévouement inconditionnel ; tendue vers la conquête de l'autonomie, elle y gagnait les dimensions d'un projet global, embrassant la condition humaine tout entière et paraissant suffire à tout. Que la cause était grande, dans l'ardeur du combat ! Qu'elle est ingrate et prosaïque au lendemain de la victoire ! Que la politique est grise à présent que nous sommes métaphysiquement émancipés ! C'est ce collapsus des Lumières militantes au milieu des Lumières triomphantes qui remodèle le visage de la démocratie. C'est lui qui appelle les religions dans l'espace public et, ce faisant, les change. C'est lui qui transforme de fond en comble la relation de représentation entre une société civile redéfinie dans son mode de composition par le principe identitaire et une société politique redéfinie dans sa justification par le principe de coexistence.

La politique ne peut plus prétendre à la globalité qu'elle devait à l'ambition d'offrir une alternative à l'hétéronomie ; elle ne peut plus se présenter comme une réponse en elle-même à la question du sens de l'existence à l'échelle collective. Il ne saurait y avoir de réponse collective à cette question ; elle n'admet que des réponses individuelles. De là une fondamentale restauration de l'homme privé, de la responsabilité envers soi-même — vivre privément, depuis la seconde moitié du XVIII^e^ siècle, c'était se priver de la plus noble part de l'existence ; ce redevient une fin légitime en soi, de par les conditions générales, « métaphysiques », présidant à l'administration du sens. De là aussi, en fonction de cet évidement de la chose publique, désormais incapable de représenter un but suprême en elle-même (au titre de la ressaisie de l'homme par lui-même), la réhabilitation et la remobilisation, dans un emploi public, de tous les systèmes de définition des fins dernières disponibles au sein de leur siège légitime, c'est-à-dire la société civile. Si la vie publique ne peut plus constituer une finalité par elle-même, elle n'en reste pas moins un domaine consubstantiellement défini par la poursuite de fins. D'où le casse-tête que le dispositif subtil de la politique de la reconnaissance s'efforce de résoudre. D'un côté, la puissance publique est plus que jamais vouée à la neutralité ; il est exclu par définition que s'incarne en elle quelque notion du bien ultime que ce soit. De l'autre côté, elle a besoin de référence à des fins qui ne peuvent venir que du dehors d'elle, et qui doivent demeurer à l'extérieur de son périmètre, tout en étant suffisamment intégrées dans la sphère officielle pour la sustenter. Elle ne peut pas en être coupée : elle ne peut pas en participer. La reconnaissance, c'est très exactement le point d'équilibre entre connivence et distance.

À dessein, je n'ai pas employé le mot de « religion » pour

dépeindre cette élévation des convictions privées en matière de fins ultimes dans l'espace public. Cela afin de mettre l'accent sur l'emploi dans lequel les religions sont convoquées, à côté des autres sagesses, morales ou philosophies susceptibles de se prêter au même emploi. Emploi qui est le facteur à considérer si l'on veut comprendre les changements qu'elles subissent dans l'opération. Car pareil mouvement de relégitimation ne laisse jamais son bénéficiaire intact. La mobilisation et la promotion déforment ce dont elles s'emparent. On a vu les effets immenses, même si largement implicites, que l'absorption au sein de la démocratie a exercés sur les religions dans un passé proche — y compris et surtout, peut-être, sur le plan de la théologie fondamentale, relativement à toute idée possible de Dieu et de ses rapports avec l'homme. Dans ce processus, l'appropriation des religions par la démocratie, au titre de leurs capacités à proposer une compréhension globale de la destinée de l'homme, représente une avancée supplémentaire. Elle les dignifie et les distingue ; elle les sauve socialement de la réduction identitaire à des cultures, en mettant en exergue, au-delà de l'héritage, de la coutume et du rite, leur portée de message sur l'essentiel ; davantage même, elle en ravive le fond, en les donnant publiquement à entendre dans leur ampleur et leur profondeur spirituelles. Mais c'est en même temps pour relativiser radicalement, par plusieurs bouts à la fois, l'entente de cette fonction de sens. Elle achève de la ramener dans des horizons purement séculiers, tout en faisant pleinement droit à ses dimensions religieuses ; ce sont les effets paradoxaux de la reconnaissance.

Cet enrôlement dignificateur aligne les religions, pour commencer, on l'a noté, sur des pensées entièrement profanes. Ce qui compte, en l'occurrence, ce ne sont ni le théisme, ni l'athéisme, ni la transcendance, ni l'immanence, ni l'orientation vers l'ici-bas, ni l'orientation vers l'au-delà, c'est la faculté de fournir une idée d'ensemble du monde et de l'homme susceptible de justifier ultimement les options individuelles et collectives. Hors cela, que la place du métaphysicien soit tenue par un matérialiste désespéré de notre solitude dans l'univers, par un humaniste de bon aloi ou par un spiritualiste confiant dans l'excellence de la création, peu importe, pourvu qu'on ait la métaphysique — enfin, dans certaines limites. Intervient en seconde ligne un autre critère contraignant qui est la compatibilité de ces visions du monde avec la vision démocratique de la politique. Elle définit le spectre de ce que Rawls appelle les « doctrines compréhensives raisonnables ». Autre dénomination destinée à contourner celle de « religion », il est intéressant de le relever, alors qu'en pratique c'est, pour le principal, de doctrines religieuses qu'il s'agit. Mais ce n'est pas leur teneur qui est en cause, ce sont leurs propriétés formelles de « compréhension » — d'extension compréhensive — dont les religions n'ont pas le monopole, même si elles en constituent le modèle et l'échantillon le plus répandu. Cette puissance explicative, la politique a pu paraître la détenir à sa façon, ou du moins en tenir efficacement lieu, tout le temps où elle avait à poser et à définir son projet d'autonomie en regard de l'hétéronomie religieuse. Elle l'a perdue avec l'affaissement de son adversaire, avec l'évanouissement de la capacité des religions à nourrir une figure croyable de l'assujettissement du visible à l'invisible — et c'est cet évanouissement qui, en retirant à la politique sa portée compréhensive, restitue par un nouveau contrecoup une fonctionnalité au discours religieux, non pas en tant que religieux, mais en tant que compréhensif.

En désertant la politique pour revenir vers les religions, entre autres, cette fonction de compréhension ne retourne pas pour autant aux Églises : elle passe aux individus. Changement de titulaire légitime de lourde conséquence, tant pour la consistance sociale des religions que pour la condition individuelle. Sous ce dernier aspect, le revirement est saisissant. Depuis un bon siècle, disons depuis l'anarchisme nietzschéen, la destruction des idoles en général et de la morale en particulier faisait figure de voie royale de l'émancipation de l'individu. Nous sommes brutalement passés dans une configuration où la morale est redevenue centrale pour l'auto-constitution de l'individu. Non pas la morale comme doctrine du sacrifice et système du devoir. Mais la morale comme pouvoir de se rendre compte à soi-même des raisons en fonction desquelles orienter sa conduite, étant donné les termes derniers de sa condition et de sa destination. La construction de l'individu passe dorénavant, et pour longtemps, par l'élaboration d'un système de références dont le rôle exige qu'il soit aussi compréhensif que possible, qu'il embrasse au plus large et au plus profond. C'est dans ce cadre que la contribution des religions se trouve naturellement requise. Mais il faut bien voir l'individualisation radicale qui préside à ce réemploi. Elle n'est pas de nature à conforter l'autorité de quelque orthodoxie que ce soit. Le mouvement même qui ramène les différents magistères spirituels et moraux sur le devant de la scène les soumet d'autre part à l'arbitrage sans concession de consciences moins disposées que jamais à leur obéir. Une chose est de les entendre volontiers, voire de vouloir qu'ils se fassent entendre, tout autre chose est de les suivre. Ce n'est pas l'effet d'une insoumission de principe. C'est le dispositif de l'adhésion ou de la croyance qui le veut — si tant est que ces notions soient encore valides.

La légitimité a basculé de l'offre de sens vers la demande de sens. Mesurons la révolution intime que cela implique du point de vue de l'essence de la religion. Qui dit religion disait depuis toujours antécédence de ce qui fait sens, intrinsèque autorité de ce qui vient d'avant et de plus haut, donc donation — donation qui, dans le cas des trois monothéismes, est à la fois révélation et tradition —, donc soumission principielle à ce qui véhicule cette réception primordiale, le Livre, l'Écriture, la Parole. Ce qui vaut, c'est ce qui vous est offert, d'une offre qui précède toute recherche ou toute requête que vous pourriez formuler. Or ce qui détermine aujourd'hui les consciences à se tourner vers les religions le justifie, à l'opposé, au titre d'une légitime demande. Il est entendu qu'il n'y a aucune signification préétablie dans laquelle vous devriez entrer ou à laquelle vous devriez vous plier ; mais vous avez personnellement, et pour vous poser en tant que personne, à vous enquérir du mystère du monde et des justifications de votre existence. Ce qui fait désormais l'âme du comportement religieux, c'est la quête et non la réception, c'est le mouvement de l'appropriation au lieu de la dévotion inconditionnelle. L'authenticité de l'inquiétude prend le pas sur la fermeté de la conviction comme forme exemplaire du croire, jusque dans les confessions établies.

Aussi bien est-il exclu que cette demande qui ne s'ignore pas pour telle, et qui revendique son caractère individuel, ambitionne d'atteindre une vérité substantielle. Son objet n'est pas le vrai, mais le sens et, pour être tout à fait précis, non pas l'objectivité du vrai, mais la nécessité objective du sens pour une subjectivité. La fortune de ce terme de « sens » témoigne d'abondance, du reste, de l'ouverture et du consentement des consciences croyantes à la limite subjective de leur foi. Ce n'est plus seulement d'une relativisation dictée de l'extérieur par le fait du pluralisme qu'il est question ici, mais d'une relativisation qui se joue entre chaque conscience et elle-même, renvoyée qu'elle est par cela même qui la porte à croire à l'hiatus entre son exigence intérieure et la nature des choses.

La même logique conduit enfin à subordonner la considération de l'au-delà aux impératifs de l'ici-bas. L'autre monde est mis au service de ce monde. C'est par ce canal que les religions tendent effectivement à s'aligner sur les philosophies et les sagesses profanes. Le but est analogue, si les moyens sont différents. Le détour par la transcendance est justifié par le résultat obtenu dans l'immanence — ce qui ne remet nullement en cause le principe du détour : rien n'empêche qu'il soit ressenti comme absolument nécessaire par ses adeptes. Raison pour laquelle cette « profanisation » ne fait pas forcément signe vers des « religions sans Dieu », loin s'en faut [1]. Les deux points sont à distinguer. Les religions viennent sur le terrain des sagesses sans Dieu : la vie bonne en ce monde. Elles se proposent un objectif dont elles admettent tacitement qu'on peut se le proposer sans référence à Dieu. Elles intègrent, en d'autres termes, une dimension supplémentaire de l'autonomie : l'excellence et la suffisance des fins terrestres de l'homme. Mais il ne leur en reste pas moins une riche carrière en propre. Il leur appartient de plaider que la référence à Dieu leur permet de donner des versions de la vie bonne supérieures à celles des pensées qui se passent de Dieu. Le filon apologétique du mieux-être par Dieu a de beaux jours devant lui. Ce qui est exact, c'est que là où il y avait opposition entre éthiques profanes et doctrines sacrées, il y a désormais convergence. Mais il y a aussi concurrence. Si importante, donc, que soit cette réorientation éthique des religions, ce serait aller trop vite en besogne que d'en conclure à la résorption tendancielle du théologique dans l'éthique.

C'est d'un renversement copernicien de la conscience religieuse qu'il me semble plus approprié de parler, au vu de cet ensemble de traits. Un renversement qui la rend critique d'elle-même, au sens ordinaire et au sens élaboré du terme. Elle incorpore les critiques qui étaient supposées devoir la détruire, et elle en fait un principe de vie. Elle tend à devenir à ses propres yeux ce que les grands démystificateurs d'hier lui reprochaient d'être en se le dissimulant : un produit de l'esprit humain, au service de finalités toutes terrestres. Sauf

1. Cf. Le numéro spécial d'*Esprit*, « Le temps des religions sans Dieu », juin 1997.

que cette distance intérieure, loin de l'anéantir, comme le croyaient les philosophes de la désaliénation, lui fournit une justification nouvelle. C'est de nous que part le ressort de la croyance, et c'est à nous qu'il revient — mais c'est une raison de plus pour croire et, peut-être, la meilleure. En cela, elle se fait critique au sens savant. Elle était toute du côté de la foi dans l'objectivité de son objet ; elle s'ouvre à l'idée que son fondement est dans le sujet, avec ce que cela signifie de limites quant au statut de son objet. Davantage, elle se recentre et s'organise autour de cette conscience subjective, non pas dans les livres mais dans les modalités quotidiennes de son exercice. On serait tenté de penser qu'en accédant à ce stade critique la conscience religieuse a trouvé la forme stable adaptée au monde sorti de la religion. Mais nous avons assez appris sur sa plasticité, au cours de ce trajet sur un siècle, pour nous garder des prophéties.

# Les limites de la démocratie des identités

Je voudrais revenir à présent sur la transformation des termes de la relation entre la société civile et l'État qui accompagne ces changements dans les conditions de la croyance. Je voudrais essayer d'en dégager plus nettement la formule générale, au-delà des manifestations diverses qu'il nous a été donné d'envisager. Elle est indispensable, en effet, à une juste appréciation de la dynamique du système. Elle dissipe ses faux-semblants et elle fait apparaître les vraies tensions qui l'habitent. Elle nous permettra, j'espère, d'aboutir à une idée un peu moins confuse des perspectives d'évolution de la déroutante démocratie d'aujourd'hui, de cette démocratie qui se recompose dans le trouble et la surprise au milieu de nous.

## REPRÉSENTER

L'essentiel me semble consister en ceci : l'évanouissement du principe qui assurait la supériorité « métaphysique » de la sphère publique modifie la nature du rapport de représentation entre la société civile et l'État. On pourrait dire : il libère la logique représentative et la laisse aller au bout d'elle-même ; il rend la relation intégralement représentative. C'est évidemment privilégier de manière implicite l'une des acceptions possibles de « représentation » comme la seule vraie – car la représentation, on commence à le savoir, ce sont plusieurs choses à la fois. Aussi vaut-il mieux dire, plus prudemment : cette disparition amène en pleine lumière une dimension de la représentation jusqu'alors mal visible, cachée qu'elle était parmi de plus saillantes et de plus classiques, dimension dont nous avons des raisons de penser qu'elle est en fait la clé de voûte des autres.

Il n'est pas douteux, en tout cas, que la prééminence de la sphère publique contraignait puissamment l'exercice de la fonction représentative. Elle en commandait une version bien précise. Il est entendu en théorie que l'État n'est qu'un instrument au service de la société civile, qu'il ne possède d'autre légitimité que celle qui lui est conférée par le vœu des citoyens. Sauf qu'en pratique, aux yeux mêmes des citoyens, il ne s'agit pas d'un simple transfert à l'identique, en quelque sorte, mais d'une transmutation. Il s'agit d'entrer dans le domaine supérieur de la décision collective, domaine qui obéit à sa logique propre, de par le but qui s'y trouve poursuivi, la puissance souveraine du corps politique sur lui-même. L'opération requiert des citoyens, comme des éléments organisés de la société civile, qu'ils se haussent au-dessus d'eux-mêmes et qu'ils acceptent de refouler une partie d'eux-mêmes. La représentation est élévation transfiguratrice de la société dans l'État. La politique, en d'autres termes, dicte sa loi à qui veut s'y faire entendre. L'identité de la collectivité avec elle-même dans sa disposition d'elle-même passe par la différence de l'État-instrument, lequel État impose autant sa norme qu'il reçoit de mandat de la part des citoyens. Et de fait, les représentants représentent autant la sphère politique auprès des citoyens qu'ils représentent les citoyens dans la sphère politique.

La disparition de l'anti-théologie qui tenait lieu de théologie à l'État républicain et qui lui prêtait sa majesté, la volatilisation de la politique de l'autonomie, l'enfouissement de l'autonomie comme projet dans le fait de l'autonomie changent complètement les données du problème. L'État se vide de la substance normative qu'il devait à l'ambition incarnée en lui. Il cesse de faire figure d'instance de surplomb, de lieu à part et au-dessus où se détermine l'existence collective. Il devient pour de bon représentatif, si l'on entend par là qu'il tend à se transformer en espace de représentation de la société civile, sans plus de supériorité hiérarchique vis-à-vis d'elle ni de rôle d'entraînement historique. Sa légitimité n'est plus faite que de la répercussion qu'il assure aux réquisitions, aux interrogations ou aux difficultés de la vie commune. Et cela, en continu, dans un rapport d'application directe ou d'amplification immédiate, sous le signe de la ressemblance. Plus question de se draper dans les impératifs altitudinaires du détour anticipateur ou du recul globalisant. L'autorité est vouée à multiplier en permanence les signes de sa proximité, de son attention, de son ouverture ubiquitaire aux péripéties et aux acteurs de la vie sociale ; elle doit manifester sa capacité de les accompagner ou de s'en faire l'écho. L'État vit littéralement du commerce avec la société civile, comme s'il n'était plus constitué, en droit, que de ce qu'elle y loge ou que de la réfraction qu'elle y trouve. Dans l'autre sens, tout de la société civile a désormais vocation à se projeter dans l'État, sans plus de partage entre ce qui relève de la généralité publique et ce qui est destiné à demeurer dans l'ombre du privé. Il n'est rien dans l'existence des individus et des groupes qui ne soit susceptible de publicité, qui ne soit en droit de revendiquer son expression et sa prise en compte dans l'espace public.

La relation entre État et société civile était bien sûr, déjà, une relation de représentation. Elle le devient en un sens supplémentaire, qui ne chasse pas les précédents, même si elle les infléchit. La représentation-délégation subsiste, naturellement : il n'est de légitimité du personnel dirigeant que celle, représentative, qui découle de l'élection. De même la représentation-instrumentation, si l'on veut, ne reconnaissant de légitimité à l'État que dans son rôle d'outil de la collectivité, demeure-t-elle inchangée dans l'abstrait. Il n'y a pas d'autre manière de comprendre la fonction de la puissance publique dans un cadre démocratique. C'est la façon concrète de remplir cette fonction qui change et qui, ce faisant, amène au jour une autre représentation, une représentation-réfraction ou projection, pour reprendre des termes déjà utilisés, une représentation-réflexion, pour avancer le mot le mieux évocateur, peut-être, une représentation au travers de laquelle la société se réfléchit. Un aspect de la fonction représentative qui était déjà présent en filigrane au milieu des autres, en réalité, mais que l'économie explicite du système rendait invisible, alors que sa configuration nouvelle l'extrait de l'ombre et le pousse au premier plan. Représenter, c'est aussi, c'est surtout permettre à la collectivité de se voir et de se concevoir, de se saisir en image et en pensée, en lui procurant une scène où ses réalités multiples et mouvantes s'objectivent aux yeux de ses membres, en lui renvoyant des représentations d'elle-même, en rendant sa composition et son mouvement déchiffrables pour les acteurs. La descente de l'État de son piédestal, la déhiérarchisation du politique et du social confèrent une centralité organisatrice à ce processus tout à la fois spéculaire, scénographique et cognitif[1].

1. J'ai essayé d'éclairer cette transformation de la relation représentative sous un autre angle, à partir de l'architecture des institutions et de l'évolution des rapports entre les différents pouvoirs, dans *La Révolution des pouvoirs*, déjà cité.

## L'ÉTAT ET LA DIFFÉRENCE

L'élucidation de ce point est la condition pour faire justice d'une illusion d'optique à laquelle de compréhensibles nostalgies jacobines prêtent un grand poids. Il est évidemment faux que l'État tende à devenir, ou pis encore, « se veuille », d'une volonté coupable, indistinguable de la société. Il en est plus distinct que jamais, mais sa différence a changé de forme et de principe : elle était substantielle, elle est devenue relationnelle, il était métaphysiquement supérieur, il est spéculairement extérieur. Nous avons croisé tout à l'heure un aspect particulier, mais stratégique, de la refondation de cette différence sans éminence, à propos du principe de coexistence. L'État qui perd la possibilité d'exciper d'un droit supérieur à celui des convictions privées n'en demeure pas moins le garant de la compossibilité de ces convictions dans leur pluralité irréductible : un rôle qui lui fait l'obligation de se tenir absolument à part d'elles pour leur montrer un égal respect, avec une rigueur formelle dans la neutralité que ne comportait pas l'ancienne acception de la règle. Ce que nous dégageons ici, c'est une différence fonctionnelle de portée plus générale qui fait de l'État l'instrument au travers duquel la société se pourvoit d'une figuration d'elle-même, du dehors d'elle-même. La figure n'a d'intérêt que si elle est ressemblante, et le rôle exige du vis-à-vis qu'il colle au modèle. D'où l'impression qu'ils se rapprochent jusqu'à se confondre, alors qu'ils se disjoignent — mais d'une disjonction destinée à permettre à la sphère publique de s'appliquer aussi fidèlement que possible aux mondes privés, une disjonction, partant, qui devient d'autant plus indiscernable qu'elle se creuse et fonctionne efficacement. D'où la possible confusion du miroir et de ce qu'il représente, de la mise en scène et de son objet. D'où la méconnaissance du travail d'officialisation et de publicisation que suppose la production d'une lisibilité du collectif pour ses membres. La vérité est qu'on assiste à une complète extériorisation de l'État en tant qu'instance représentative dans le temps où il dépérit en tant qu'instance normative.

Pas plus qu'il ne faut céder à l'illusion de proximité, il ne faut s'abandonner sans examen à l'impression de perte de fonction de l'État provoquée par la dilution de son autorité rectrice. De nouveau, il s'agit de ne pas prendre une réorientation pour une disparition. Vu avec recul, le changement est spectaculaire. Si l'État reste le garant de la continuité collective, il est clair que ses prétentions d'organisateur du futur ont été sévèrement rabattues. L'avantageuse posture du conducteur des peuples, investi de la mission d'ouvrir les portes de l'avenir, n'est plus de mise. En un mot, il ne précède plus, il suit. D'où le sentiment qu'il peut donner d'un immense appareil tournant à vide, sans plus savoir où il va ni à quoi il sert. Sentiment justifié par l'ampleur de la mue, et alimenté, de surcroît, par l'étendue des restes que celle-ci laisse derrière elle. Sentiment trompeur, néanmoins, si l'on ne mesure l'importance du rôle que ce « suivisme » lui assigne et la portée de la demande sociale qui lui est adressée. Suiviste, l'État l'est devenu en tant que représentant, justement, représentant posé comme tel et tenu, en conséquence, par les limites du mandat qui lui est imparti. Non qu'il faille imaginer un mandat émané droit de la société. Le vœu des représentés ne s'est jamais manifesté tout seul. Il a toujours supposé l'intervention première d'une offre politique s'efforçant de lui procurer une traduction, et soumise dans un second temps à la sanction des citoyens. Rien de changé à cet égard. Mais ce qui a profondément changé, en revanche, c'est la surveillance de la conduite des représentants désignés et de son adéquation continuée au vœu collectif. Entre le juge d'un côté et l'opinion de l'autre, nous sommes entrés dans une démocratie du contrôle qui est en fait une démocratie expressément représentative, une démocratie où il est formellement marqué que les représentants ne sont que des représentants, où le principe représentatif est lui-même mis en représentation. Voilà qui installe la scène politique et les détenteurs du pouvoir dans une dépendance explicite vis-à-vis de la société. Encore n'est-ce là que la partie éclairée d'un plus vaste mouvement qui place l'État dans son ensemble en position de réponse à la demande, en fonction du processus de recomposition du collectif autour des identités.

Représentant de la société civile, l'État est en réalité appelé à remplir le rôle d'instituant des identités qui la composent. C'est dans la relation avec lui qu'elles se forgent. L'État n'assoit sa légitimité, disais-je plus haut, qu'au travers d'un effort permanent pour s'associer à l'existence des composantes de la société civile. Il faut ajouter en sens inverse : ces composantes, qui se veulent autant de foyers identitaires, ne parviennent à se déployer effectivement comme identités qu'au travers de l'espace de représentation que l'État leur assure — représentation étant pris là dans un sens général et abstrait qui se monnaie en activités très concrètes. Contrairement à ce qu'il est de leur essence de se raconter, ces communautés d'identification n'existent pas d'abord, spontanément, pour ensuite chercher à se faire admettre des autres et de la société générale. Elles se constituent dans leur existence distincte, elles s'affirment dans leur spécificité privée par rapport à l'espace public et en fonction de la reconnaissance qu'elles entendent y trouver. Elles ont besoin de cet État à l'extérieur duquel elles veulent se situer et dont elles veulent qu'il reconnaisse leur extériorité, pour se définir et s'assurer d'elles-mêmes. Elles n'existent que représentativement.

Nous retrouvons sous un autre angle, qui permet de préciser l'idée, ce que nous observions à propos de l'importance de la reconnaissance dans la formation même des identités. Chacun de ces pour-soi particularistes ne se construit dans son repli subjectif que comme une portion légitime de l'espace public, auquel la consécration officielle est indispensable pour boucler l'opération à ses propres yeux. C'est vrai même à l'échelon de la particularité individuelle, où la revendication d'identité est une façon de se constituer en citoyen, de se vouloir un atome significatif de la vie publique en étant soi-même. D'où la demande formidable dont l'État continue de faire l'objet dans ce monde où tous réclament dans tous les sens et à tous les titres de voir la définition de leur existence échapper à son emprise. Il est la clé tant instrumentale que symbolique de cette affirmation des singularités civiles en face de lui. Il ne se borne pas à leur distribuer de bonnes paroles et des témoignages de considération. On attend de lui qu'il les aide à se constituer, qu'il leur fournisse les moyens de se manifester. L'État représentant, c'est l'État chargé, pour commencer, de permettre à la société qu'il doit représenter de s'organiser indépendamment de lui. Aussi le recul de son *leadership* est-il loin de se traduire dans une diminution équivalente de son poids. Il a beaucoup à faire pour se donner la physionomie de n'avoir plus grand-chose à faire.

## DISTINCTION ET PROCÉDURE

C'est dans le cadre de cette nouvelle économie de la représentation qu'il faut replacer l'importance acquise par la préoccupation procédurale. L'objectif idéal ne peut être que d'accorder à chaque composante de la société civile l'attention qu'elle mérite dans le débat public, et surtout de faire en sorte qu'aucune ne soit étouffée, écartée, ignorée par la grosse voix de la majorité. Le respect des minorités devient la pierre de touche de la sincérité démocratique. Pareille équité dans la prise en compte des opinions, des orientations, des appartenances ou des intérêts ne peut passer que par l'aménagement scrupuleux et l'observance rigoureuse des règles de procédure, les formes fournissant le seul rempart possible de la justice contre la pression des rapports de force. De là une réhabilitation assez remarquable des aspects formels de la démocratie, au nom même du type d'arguments qui poussaient auparavant à les contester.

À dire vrai, ce formalisme résurgent cohabite avec une réactivation parallèle de l'idéal de démocratie directe, sous les traits précis du référendum. Une réactivation qui traduit la pénétration du principe de la démocratie d'opinion, le contrôle, et de son instrument, le sondage. Les peuples accoutumés à ce qu'on leur demande leur avis se prennent fatalement du désir de le donner. Aucune contradiction de fond entre les deux aspirations, même si leurs résultats sont appelés à se heurter : elles expriment chacune un aspect significatif de la nouvelle sphère civile dans ses nouveaux rapports avec la sphère politique. La demande de consultation du peuple en masse témoigne à la fois du consentement des citoyens à l'extériorité des gouvernants et de la volonté de les rappeler à leur devoir de représentants [1]. La demande de prise en compte procédurale du peuple en détail témoigne de la conscience de l'irréductibilité des différences au sein de la collectivité et du souci de lui procurer une juste traduction.

L'entente de la représentation s'en trouve changée à la fois dans son fond et dans sa forme. Représenter voulait dire dépasser les différences entre les êtres et entre les groupes afin d'arriver à manifester la vérité du collectif dans l'unité de sa volonté, cela veut dire exhiber les différences, les assurer de leur visibilité dans l'espace public, faire en sorte

1. Le référendum est à ce titre la modalité de la démocratie directe compatible avec le régime représentatif : ce n'est pas l'autogestion.

qu'elles demeurent lisibles à tous les moments du processus politique, qu'elles ne se perdent pas en route dans l'élaboration de la décision collective. Aussi les voies selon lesquelles la délibération publique est conduite revêtent-elles, dans cette optique, une valeur stratégique. Elles sont l'armature de ce dispositif de démonstration grâce auquel, idéalement, l'incorporation dans le débat de toutes les composantes du corps social pourrait être assurée, en même temps que leur identité distincte serait préservée. La préoccupation directrice est du même ordre que celle qui nourrissait jusqu'il y a peu le rêve d'une démocratie déformalisée, immédiate, permanente et fusionnelle. Comme elle, elle porte sur les conditions de la participation politique. Sauf que l'aspiration à la démocratie directe procédait d'une radicalisation du sentiment de similitude entre les êtres — des pareils ne peuvent qu'identiquement concourir aux choix collectifs ; ils ne peuvent que se fondre dans le vœu du groupe dès lors que celui-ci a été égalitairement adopté. Alors qu'ici c'est la distinction des êtres et des groupes qu'il s'agit de représenter, et de représenter au sens de la rendre et de la maintenir publiquement manifeste. C'est leur participation à égalité au débat public qu'il s'agit d'assurer, mais au titre de ce qui les différencie, de ce qu'ils regardent eux-mêmes comme leur spécificité constitutive. Semblable exigence suppose un système de règles, voire un protocole, strictement codifié. L'individualisme identitaire est procédural, là où l'individualisme égalitaire tendait au rejet des formes [1].

1. Un individualisme « égalitaire » où l'égalité est comprise comme similitude des êtres, s'entend. Mais l'individualisme « identitaire », au sens où l'on essaie ici de l'approcher, ne participe pas moins du monde de l'égalité dans une acception plus large et plus profonde (il se revendique d'un droit égal de tous les individus à exprimer leur différence). Il correspond à un nouveau visage du monde de l'égalité.

Quelques précisions à propos de ce difficile problème de la différence et de la ressemblance ne sont sans doute pas inutiles. La dynamique de l'égalité, dans ce qu'elle a de plus fondamental, est une dynamique de la

## VERS LA DÉPOSSESSION

La représentation, au sens de la mise en scène publique de la diversité sociale, tend à devenir une fin en soi, dans ce nouvel idéal de la démocratie dont on essaie de reconstituer la logique. Qui participe, et pourquoi, à quel titre, voilà ce qui compte, plutôt que ce qu'il en advient. Nous vivions,

---

ressemblance. Là où la compréhension hiérarchique ancienne hypostasie les différences entre les êtres en différences de nature et en fait des principes de dissemblance et d'inégalité (par exemple, entre hommes et femmes), la compréhension égalitaire moderne contourne les différences et les transforme en foyers de ressemblance (au-delà de ce qui les distingue, hommes et femmes sont semblables). Mais il ne faut pas perdre de vue, d'une part, que les différences n'en subsistent pas moins et, d'autre part, que la ressemblance n'est pas la similitude telle qu'on l'a croisée. La revendication de similitude est une interprétation radicale de la ressemblance à un niveau second. Il est possible de décréter que les différences qui persistent sont marginales ou insignifiantes et doivent dans toute la mesure du possible être effacées ou mises entre parenthèses. Mais une tout autre interprétation est possible. On peut assister simultanément, comme le montre le traitement de la différence des sexes dans les sociétés d'aujourd'hui, à une valorisation de la ressemblance sur un plan, et à une valorisation de la dissimilarité sur un autre plan — le point important étant que cette différence extérieure, cultivée pour elle-même, n'empêche aucunement des êtres de se reconnaître en profondeur les uns dans les autres. La logique des identités, telle que nous la voyons se déployer, se joue dans le rapport des individus à eux-mêmes et des diverses différences dont ils peuvent participer ou se réclamer. Mais, pas plus qu'elle ne va contre la dynamique de l'égalité (aucune de ces différences ne peut fonder une supériorité), elle ne va contre la dynamique de la ressemblance (aucune de ces identifications n'est brandie comme devant établir d'infranchissables barrières entre les personnes et les communautés). On entend, naturellement, de tels discours ; ils sont aussi inévitables que dépourvus de rapport avec la vérité de la chose. On peut, en d'autres termes, être une femme puissamment investie dans son identité féminine, fervente de l'égalité entre les sexes (et entre les êtres en général) et hautement occupée de sa féminité d'apparence.

avec le modèle classique de la démocratie majoritaire, sous le coup d'une certaine tyrannie du résultat à obtenir, l'essentiel étant de parvenir à dégager une volonté générale, au péril du froissement et de la méconnaissance des parties intéressées. Nous passons, avec le modèle pluraliste-identitaire-minoritaire en train de s'installer, sous le coup d'une certaine tyrannie du parcours à suivre et de la procédure à respecter, le spectacle de la discussion publique et l'habilitation de ses protagonistes prenant le pas sur son issue, au risque d'une dilution de la décision et de la possibilité effective de la contrôler. La priorité est que les problèmes soient représentés, avec ceux qui les posent, pas qu'ils soient traités. La considération de la collectivité dans son unité tendait à s'imposer au détriment de la multiplicité de ses composantes ; la considération des composantes tend à prévaloir aux dépens de l'unité collective, qui n'en continue pas moins d'exister, mais qui passe dans la pénombre, en quelque sorte, et se soustrait à la prise politique. C'est dire que nous échangeons une gamme de difficultés contre une autre et que la configuration nouvelle n'est pas moins problématique que la précédente. Elle n'apporte pas la formule magique de la démocratie.

Certes, le modèle n'est pas à prendre à la lettre. Sa logique est tempérée en pratique, au sein des mixtes d'ancien et de nouveau auxquels nous avons affaire, par l'héritage du réalisme d'État, les habitudes majoritaires et les traditions civiques. Mais ses réquisitions informent d'ores et déjà suffisamment la marche de nos régimes, à des degrés variables, pour qu'on puisse en apprécier les incidences perverses. Partout, on relève les mêmes effets inattendus de paralysie, de brouillage, de dépossession, dans le sillage du travail des démocraties pour se corriger de leurs anciens illibéralismes. Pour vraiment saisir leurs tenants et leurs aboutissants, il est indispensable de remonter à leur source, et c'est là que s'impose, en revanche, le recours à la logique du modèle. Si elle ne suffit pas à décrire le fonctionnement, elle est irremplaçable pour comprendre les dysfonctionnements. Elle seule rend intelligible leur inhérence à la politique de la reconnaissance et aux nouveaux rapports de représentation entre société civile et État. Elle permet de leur donner toute leur portée : ils signalent, dès à présent, les limites sur lesquelles la démocratie des identités et ses promesses sont appelées à buter.

Le nœud de ces dysfonctionnements de structure réside dans le primat de la représentation des acteurs sur la résolution des problèmes qu'ils posent. Tout se passe comme si la figuration légitimante des opinions et des intérêts dans l'espace public, par un canal ou par un autre, prenait le pas sur l'enjeu gouvernemental proprement dit, c'est-à-dire la cohérence de l'action publique, la ligne directrice commandant les arbitrages et les choix. L'important, pour les gouvernés, est de se manifester et l'important, pour les gouvernants est de manifester leur sollicitude à l'égard des particularités qui rappellent de la sorte leur existence et réclament leur prise en compte. La décision, dès lors, ou bien tend à devenir une espèce de résultante automatique des pressions qui s'exercent en tous sens, d'ailleurs renégociée en permanence, ou bien se trouve reléguée dans les coulisses, son élaboration devenant l'affaire d'une oligarchie technique. Cela ne veut pas dire qu'elle sera acceptée par principe, bien au contraire. Les intéressés manifesteront volontiers leur refus, la capacité publique de censure est un attribut essentiel de la nouvelle société civile. Mais signifier un rejet n'est pas formuler une contre-politique. Le soin de rédiger une nouvelle copie est renvoyé aux mêmes — c'est à ce genre de traits que l'on mesure combien il est faux de voir dans cette effervescence continue une mise en question de la délégation représentative [1]. Elle en sort renforcée, par un

1. Je suis en désaccord sur ce point avec Jacques Julliard, qui me semble conclure trop vite au « déclin de la démocratie représentative ».

côté, mais pour être réinterprétée, de l'autre côté, d'une manière qui relativise le choix majoritaire et l'idée de mandat à temps qu'elle impliquait, au profit du dialogue au présent entre les détenteurs du pouvoir, quelles que soient les orientations sur lesquelles ils ont été élus, et les composantes actives de la collectivité. C'est à la lumière de ce déplacement qu'il faut interpréter le sacre des valeurs d'efficacité et de pragmatisme dont témoigne le mouvement des opinions : il est fonction de ce recentrage de la vie publique sur la relation *actuelle* entre les représentants et les représentés, recentrage imposé par la volonté des éléments de la société « réelle » d'être pris en compte pour ce qu'ils sont, abstraction faite de la mise en forme de la société politique assurée par les partis et leurs programmes. Ce qui est mis en question, c'est la possibilité d'une intégration globale de ces revendications innombrables, d'un pilotage cohérent de l'ensemble. La coordination vient après ; elle est soit renvoyée au secret des bureaux, soit abandonnée aux providentiels ajustements de la « main invisible » — c'est cela aussi la société de marché. Quant au projet, il ne fait plus guère figure que d'accessoire démagogique pour campagnes électorales ; encore consiste-t-il le plus souvent en un catalogue de promesses, dictées les unes par les clientèles, les autres par les sondages, et dont la compatibilité entre elles ne paraît la préoccupation dominante de personne. Le local et le ponctuel chassent le global. La maîtrise du tout se dissout dans l'attention accordée aux parties. C'est de l'intérieur de la politique que se fabrique l'impuissance de la politique. Elle tient à la manière dont s'ordonne le rapport de représentation, laquelle rend problématique tant la conduite de l'ensemble comme

---

Elle ne disparaît pas au profit de la démocratie d'opinion : ce sont les mécanismes et le sens même de la représentation qui changent, dont par l'intégration de la « doxocratie ». Cf. *La Faute aux élites*, Paris, Gallimard, 1997, pp. 214-216.

ensemble que sa survie comme objet de la délibération publique.

D'où le sentiment d'éloignement du pouvoir et de soustraction de ses opérations à la prise qui accompagne paradoxalement les efforts pathétiques de ses occupants pour se tenir au plus près du vœu des citoyens. Ils ont beau faire, sonder sans relâche les reins et les cœurs, multiplier les marques de leur vigilance, de leur présence, de leur sensibilité, ils sont perçus comme étant d'ailleurs, comme incurablement étrangers aux préoccupations de leurs administrés. Jamais on ne s'est autant tracassé de l'opinion des peuples ; jamais on n'en a autant tenu compte, pour le meilleur et pour le pire, et cela sans que lesdits peuples aient l'impression, pour finir, d'être entendus. Curieux dialogue où les interlocuteurs, dans l'abondance des messages échangés, se cherchent sans se trouver. Plus la société civile se manifeste et se fait entendre dans l'espace public, plus le personnel dirigeant lui témoigne de sollicitude et de considération, et moins ils se rencontrent en profondeur. La distance s'accroît inexorablement entre la base et le sommet. C'est qu'en effet il se passe là-haut autre chose que ce dont on parle, à savoir l'agrégation de toutes ces décisions négociées chacune à grand bruit, la composition de toutes ces actions menées dans la dispersion en une orientation unifiante. Le pouvoir s'éloigne parce qu'il est symboliquement le siège d'un processus qui échappe à la prise des acteurs sociaux, alors qu'en dernier ressort il commande les autres, ceux sur lesquels on a prise. Il échappe aussi aux gouvernants, il est vrai, qui semblent eux-mêmes de moins en moins maîtres du gouvernement. Mais leur inconsistance, loin de les rapprocher du sort commun (« nous sommes tous dans le même bateau »), achève de les séparer, de les rejeter, du côté de la mécanique aveugle et indifférente qui coud imperturbablement ensemble, en une seule histoire, les pièces et les morceaux disparates de l'existence collective. L'ambivalence du rapport au pouvoir est extrême. Il est l'objet d'un consentement inégalé. Individus et groupes s'en remettent à lui, tacitement, dans le geste par lequel ils se posent chacun dans la légitime intransigeance de son « être-soi-même », qu'il s'agisse de son authenticité personnelle, de son identité de groupe ou de son union d'intérêts ; ils comptent sur l'englobement général qu'il a charge d'assurer. Et simultanément, ils ne peuvent, d'autre part, que lui en vouloir de l'étrangeté du résultat final, de l'extériorité où la fonction même qu'on attend de lui le repousse, du désaisissement de leur histoire dont il devient, à son corps défendant, le visage. Rien de révolutionnaire dans cette rancœur, et même tout le contraire : une frustration impuissante et colérique à l'égard de ce qu'on ne peut accepter sans pouvoir s'en passer.

Les espérances investies dans la démocratie du contrôle ne peuvent elles aussi que tourner court devant un tel insaisissable. On pourra resserrer le contrôle autant qu'on voudra, clouer au pilori les turpitudes du personnel politique, affiner l'expression et la mesure de l'opinion publique, renforcer les pouvoirs de vérification du juge, aucun de ces moyens de surveillance et de canalisation du pouvoir n'ajoutera à la prise sur ce qui se soustrait centralement à la prise dans les opérations du pouvoir. Le contrôle contribue d'une certaine manière au sentiment d'impuissance en faisant ressortir l'ampleur de ce qui échappe au contrôle.

C'est que reconnaître n'est pas connaître, que rendre visible n'est pas rendre intelligible, que mettre en représentation n'est pas donner à maîtriser par la pensée. Il y a une part d'illusion dans cette tentative de saisie de soi au travers de la figuration de soi. C'est le grand paradoxe de cette société de la publicité généralisée : l'effort pour se rendre lisible dans toutes ses parties débouche sur une bizarre indéchiffrabilité collective. Jamais autant d'informations n'ont été disponibles, jamais la parole n'a été autant donnée aux

« vécus identitaires » les plus variés. Il n'est rien qui ne puisse et ne doive être montré. Et pourtant, à mesure qu'avance cette organisation de la transparence, le sentiment d'opacité du fonctionnement collectif croît du même pas. On en arrive à cette contradiction originale d'une société qui se sait incomparablement dans son détail sans se comprendre dans son ensemble. En voulant se donner une image exacte d'elle-même, en voulant faire droit à la totalité de ses composantes, elle en vient à s'échapper à elle-même. Au nom de la démocratie, elle tourne le dos à l'exigence démocratique suprême, celle de se gouverner soi-même.

Aussi pouvons-nous prendre le risque de dire que nous verrons, un jour, la marche de la démocratie repartir dans une autre direction. Un jour impossible à prévoir, mais un jour marqué d'avance, néanmoins, dans le dispositif de la démocratie tel qu'il se redéploie aujourd'hui. Sa logique procédurale-identitaire laisse apercevoir dès à présent le point de contradiction autour duquel s'effectuera le renversement du cycle. À un moment donné, l'idéal de l'autogouvernement ramènera au centre de l'attention, comme ses points d'appui indispensables, ces dimensions de la généralité publique et de l'unité collective répudiées par les aspirations de l'heure. Elles se recomposeront sous de nouveaux jours, tandis que l'idéal d'autonomie lui-même trouvera un nouveau langage.

Ce sera l'objet d'un autre livre.

## LE DÉBAT

*Volumes publiés*

CLAUDE ALLÈGRE : *L'Âge des savoirs. Pour une renaissance de l'Université.*

GEORGES ARÈS : *La Suisse, avenir de l'Europe?*

JEAN-MICHEL BELORGEY : *Le Parlement à refaire.*

AUGUSTIN BERQUE : *Être humains sur la terre. Principes d'éthique de l'écoumène.*

DOMINIQUE BOURG : *L'Homme-artifice.*

JEAN CLAIR : *La Responsabilité de l'artiste.*

COLLECTIF : *Islam et politique au Proche-Orient aujourd'hui.*

COLLECTIF : *La Querelle du déterminisme.*

COLLECTIF : *Un nouvel horizon. Projet socialiste pour la France.*

RÉGIS DEBRAY : *À demain de Gaulle.*

DANY-ROBERT DUFOUR : *Folie et démocratie. Essai sur la forme unaire.*

ALPHONSE DUPRONT : *Puissances et latences de la religion catholique.*

ANDRÉ FERMIGIER : *La Bataille de Paris.* Choix et présentation par François Loyer.

ANTOINETTE FOUQUE : *Il y a 2 sexes. Essais de féminologie, 1989-1995.*

JEAN-LUC GRÉAU : *Le Capitalisme malade de sa finance. Des années d'expansion aux années de stagnation.*

JANOS KORNAI : *Du socialisme au capitalisme.*

BERNARD LEWIS : *Europe-Islam. Actions et réactions.*

BERNARD PIVOT : *Le Métier de lire.*

KRZYSZTOF POMIAN : *L'Europe et ses nations.*

JACQUES RIGAUD : *Libre culture.*

P. J. VATIKIOTIS : *L'Islam et l'État.*

PAUL YONNET : *Voyage au centre du malaise français. L'antiracisme et le roman national.*

*Composé et achevé d'imprimer*
*par la Société Nouvelle Firmin-Didot*
*à Mesnil-sur-l'Estrée, le 11 septembre 1998.*
*Dépôt légal : septembre 1998.*
*Numéro d'imprimeur : 43625.*
ISBN 2-07-075374-3/Imprimé en France.

87371